面向业务语义的工作流技术研究

杨飞 著

知识产权出版社

全国百佳图书出版单位

图书在版编目(CIP)数据

面向业务语义的工作流技术研究/杨飞著.—北京:知识产权出版社,2015.3

ISBN 978 - 7 - 5130 - 3068 - 7

Ⅰ.①面… Ⅱ.①杨… Ⅲ.①工作流管理系统—研究 Ⅳ.①F273

中国版本图书馆 CIP 数据核字(2014)第 232267 号

内容提要:

本书从分离业务逻辑与应用逻辑的角度出发,介绍为业务人员提供面向业务语义的工作流描述方式,允许业务人员在业务层面将其业务需求对应到多个业务要素并将它们按照某种模式进行组合,以实现业务人员为核心的工作流描述。重点讨论支持业务人员参与工作流描述所使用的描述方法,以及业务要素,从而为企业实施业务流程管理提供一个技术框架,并为基于此框架的业务流程构建提供一系列的指导原则。

责任编辑:王　辉　　　　　　**责任出版:孙婷婷**

面向业务语义的工作流技术研究

杨飞　著

出版发行:知识产权出版社有限责任公司		网　址:http://www. ipph. cn	
电　话:010 - 82004826		http://www. laichushu. com	
社　址:北京市海淀区马甸南村 1 号		邮　编:100088	
责编电话:010 - 82000860 - 8381		责编邮箱:wanghui@ cnipr. com	
发行电话:010 - 82000860 转 8101/8029		发行传真:010 - 82000893/82003279	
印　刷:北京中献拓方科技发展有限公司		经　销:各大网上书店、新华书店及相关专业书店	
开　本:720 mm × 1000 mm　1/16		印　张:12.5	
版　次:2015 年 3 月第 1 版		印　次:2015 年 3 月第 1 次印刷	
字　数:190 千字		定　价:38.00 元	

ISBN 978 - 7 - 5130 - 3068 - 7

前　言

工作流管理作为计算机支持的协同工作发展的最新成果,已经融入到社会的各个领域,正在被越来越多的组织,如企业、政府、科研机构等所接受。然而,随着全球化业务协作需求的加强,大多数领域都要求业务流程的快速提交,促使人们开始关注工作流的描述能力。如何将业务的需求变化快速、准确地映射到业务流程中,是工作流描述的主要目标。当前已有的工作流描述方法多从技术层面来描述业务需求,面向系统开发的技术人员,缺少面向业务人员的资源配置手段,使业务需求到业务流程的过渡困难,从而无法满足快速多变的业务需求。

为了解决上述问题,本书从分离业务逻辑与应用逻辑的角度出发,研究为业务人员提供面向业务语义的工作流描述方式,允许业务人员在业务层面将其业务需求对应到多个业务要素并将它们按照某种模式进行组合,以实现业务人员为核心的工作流描述。重点讨论支持业务人员参与工作流描述所使用的描述方法以及业务要素,从而为企业实施业务流程管理提供一个技术框架,并为基于此框架的业务流程构建提供一系列的指导原则。

本书共分9章。第1章概述工作流基础知识;第2章介绍面向业务语义的工作流关键技术;第3章介绍了面向业务语义的工作流描述方法;第4章介绍了可演化的柔性工作流描述方法;第5章介绍了数据的统一描述机制和动态访问机制;第6章介绍基于应用级构件的业务处理工具所需遵循的接口规约及其嵌入到工作流中的管理方式;第7章介绍基于门户的统一接入机制;第8章介绍面向业务语义的工作流描述平台的设计方法;第9章介绍工作流描述平台的测试结果,并阐述了定性和定量的分析结果。

在撰写本书的过程中,作者参考了很多优秀的文献,在此衷心感谢这些文献的作者,如参考文献有遗漏,也对作者表示感谢!另外,本书的撰写得到了北京市优秀人才培养项目(2013D005005000003)和北京石油化工学院优秀学科带头人培育计划项目(BIPT – BPOAL –2013)的支持,在此表示衷心的感谢!

由于本人水平有限,撰写中出现的不足和不当之处,敬请读者批评指正。

著者
2015 –03 –19

目　录

第一章 工作流基本概念

信息技术应用的不断扩大和普及,以及全球网络经济的迅猛发展,使现代信息系统的开发面临重大的挑战。大量的信息应用领域都要求快节奏的开发和可用软件的快速提交;要求信息系统具有快速可变性(柔性)特征,以便对应用和环境需求的快速变化迅速作出反应,及时适应业务重组和业务可持续发展的需求变化;要求降低开发成本和开发风险,缩短开发周期。因此,高效率、高度灵活,以及具有即时构造能力的软件生成方法在信息系统的开发和维护方面具有重要意义。近年来,工作流技术作为一种通用的应用构造的支撑技术,不仅为信息系统的开发提供了一种新的范式,而且以其灵活性、可配置、低代价、高效率,以及对业务的高度抽象能力成为构造大型信息系统的发展趋势[1~4],工作流技术的研究也引起了业界的广泛关注。

1.1 工作流基本原理

1.1.1 工作流起源

工作流起源于生产组织和办公自动化领域,是针对日常工作中具有固定程序的活动而提出的概念,它是这些领域追求高效处理工作的产品。其目的是通过将工作分解成定义良好的任务、角色,按照一定的规则和过程执行这些任务并对它们进行监控,以达到提高工作效率、降低生产成本、提高企业经营管理水平和企业竞争力。

从发展历史来看,工作流技术起源于 20 世纪 80 年代中期,FileNet、ViewStar,

以及 IBM 公司分别推出 WorkFlo、ViewStar 和 ImagePlus,率先开拓了工作流产品市场,形成了早期的工作流管理系统。进入 90 年代,随着计算机网络、分布式数据库、分布处理等信息技术的迅速发展,现代企业的信息资源越来越表现出异构、分布、松散耦合的特点,实现大规模异构分布式执行环境使得相互关联的任务能够高效运转并接受密切监控成为了一种趋势,这种情况下,工作流相关技术条件逐渐成熟,工作流系统的开发与研究也进入了一个崭新的发展阶段。

1993 年 8 月,工作流技术标准化工业组织成立了 WfMC(Workflow Management Coalition),即工作流管理联盟,标志着工作流技术进入相对成熟和规范的阶段。此后,WfMC 陆续发布了工作流参考模型、应用程序接口、管理控制接口、相关术语、过程语言描述等标准和规范,很大程度上促进了工作流技术的发展和工作流系统在企业中的应用。

目前,工作流技术在计算机应用研究领域中明确划分出自己的一席之地。在全球范围内,对工作流技术的研究,以及相关产品的开发进入了更为繁荣的阶段。工作流产品供应商又将新的技术融入工作流中以提高产品性能,使工作流技术得到不断完善。作为支持企业经营过程重组,以及经营过程自动化的一种手段,工作流技术的研究应用日益受到学术界与企业界的重视。

1.1.2　工作流定义

不同研究者和不同工作流产品供应商从不同角度给出了不同的工作流定义,具有代表意义的有以下三个。

WfMC 给出的定义[5]:工作流是一类能够完全或者部分自动执行的经营过程,它根据一系列的过程规则,文档、信息和任务能够在不同的执行者之间进行传递与执行。这是当前在该领域使用较为广泛的工作流定义。

Georgakopoulos 给出的定义[6]:工作流是将一组任务组织起来完成某个经营过程。工作流定义了任务的触发顺序和触发条件。每个任务可以由一个或多个软件系统完成,也可以由一个或一组人完成,还可以由一个或者多个人与软件系统协作完成。任务的触发顺序与触发条件用来定义并实现任务的触发、任务的同步与数据流的传递。

IBM Almaden 研究中心给出的定义[7]：工作流是经营过程的一种计算机化的表示模型,它定义了完成整个过程所需的各种参数。这些参数包括对过程中每一个步骤的定义、步骤间的执行顺序、条件,以及数据流的建立、每一步骤由谁负责,以及每个活动所需要的应用程序。

这些定义基本上都达成了共识,即工作流是经营过程的一个计算机实现,而工作流管理系统则是这一实现的软件环境。使用工作流作为经营过程的实现技术首先要求工作流系统能够反映经营过程的以下几个方面问题:经营过程是什么(由哪些活动、任务组成,即结构定义)、怎么做(活动间的执行条件、规则,以及所交互的信息,即控制流与数据流的定义)、由谁来做(人或者计算机应用程序,即组织机构定义)、做的结果如何(通过工作流管理系统对执行过程进行监控)[8]。

1.1.3 工作流参考模型

进入 20 世纪 90 年代后,工作流商业产品及研究项目层出不穷,许多大公司纷纷推出了不同的工作流产品。这些产品都有自己的特点,也有自己的协议和接口标准,造成了工作流概念上的不一致及各种产品、原型系统间接口形式的不统一情况,从而无法实现有效的互操作。这种情况给开发商和用户都带来了极大的不方便,也在一定程度上阻碍了工作流管理系统的推广和发展。

为此,工作流管理联盟于 1994 年 11 月发布了工作流管理系统参考模型,包含流程定义工具、工作流运行系统、管理与监控工具,以及接口四大部分(如图 1 所示)。该模型综合了当时国际市场上工作流产品的主要特点,在业界影响最大,获得的开发商支持也最多。工作流参考模型约定了工作流系统的体系结构、应用接口及特性,主要目的是实现工作流技术的标准化和开放性。参考模型定义的这些接口允许程序之间在不同层次上的交互,从而支持异构工作流管理系统与产品之间的互操作,并允许其他应用可以使用该结构和定义好的通用 API(Application Programming Interface,应用程序编程接口)访问不同工作流管理系统提供的服务,实现与其他应用快速有效的集成。

流程定义工具为用户提供了一种对实际业务过程进行分析、建模的手段,并且,生成的业务过程可被计算机处理形式化描述。

工作流运行系统借助于一个或多个工作流引擎,来激活并解释过程定义的全部或部分,同外部的应用程序进行交互以完成工作流过程实例的创建、执行与管理,并生成有关的工作项通知用户进行处理等,为工作流程的进行提供一个运行时环境。工作流运行系统包含工作流引擎、客户端应用,以及被调应用三部分。

工作流引擎是一个为工作流实例提供运行执行环境的软件服务,主要功能有:对过程定义进行解释;控制过程实例的生成、激活、挂起、终止等;控制过程活动间的转换,包括串行或并行操作、工作流相关数据的解释等;维护工作流控制数据和工作流相关数据,在应用或用户间传递工作流相关数据;提供用于激活外部应用并显示工作流相关数据的界面;提供控制、管理和监督功能。

客户端应用为用户提供一种流程实例运行过程中需要人工干预任务的手段。每个这样的任务就被称作是一个工作项,它包括处理上的一些要求(如处理时限)及待处理的数据对象等。工作流管理系统为每个用户维护一个工作项列表,表示当前需要该用户处理的所有任务。

被调应用指工作流执行服务在流程实例运行过程中调用的、用以对应用数据进行处理的应用程序,流程定义中包含这种应用程序的详细信息,如类型、地址等。

管理与监控工具对工作流管理系统中流程实例的状态进行监控与管理,如用户管理、角色管理、审计管理、资源控制(包括流程管理及流程状态控制等)。

接口分为5类。接口1(流程定义接口)为流程定义工具与工作流执行服务之间的信息交换提供了标准的互换格式及API调用。接口2(客户应用接口)实现客户与工作流执行服务之间的会话连接、流程控制、活动控制、流程状态、活动状态、工作项列表的处理,以及流程实例的管理等。接口3(应用调用接口)为工作流引擎提供直接调用被调应用的接口。接口4(工作流引擎协作接口)实现不同工作流系统之间的协同工作。接口5(管理监控接口)完成管理与监控工具和工作流执行服务之间的交互。

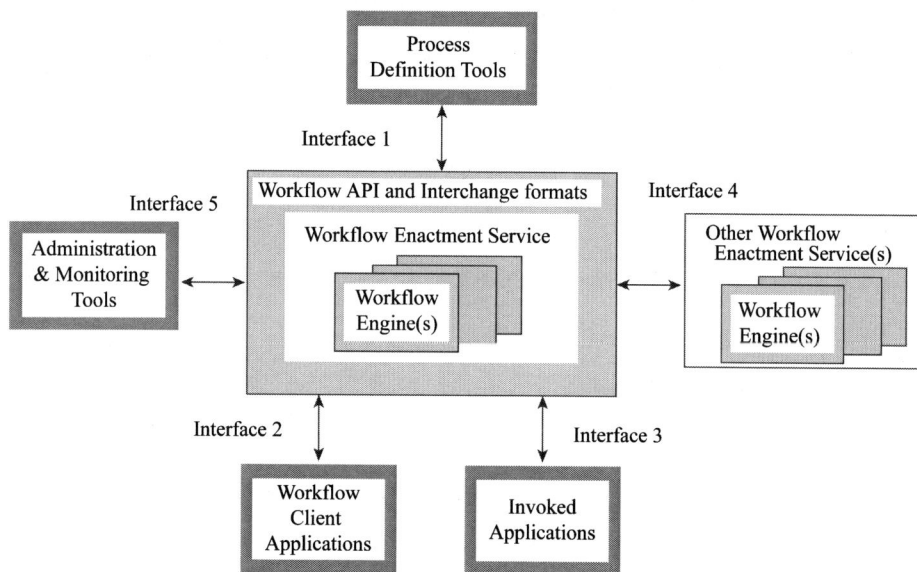

图1 工作流参考模型[5]

1.2 现有工作流技术面临的挑战

工作流技术是实现分布、异构环境中企业业务流程的建模与仿真、分析与优化、管理与集成,从而最终实现业务流程自动化的有效手段。工作流管理系统能够在信息技术的支持下,通过合理地分配和调用有关的信息及人力资源,有效协调和控制分布节点上业务流程的各个环节,使之按照一定的规则执行,从而向用户传递一些有价值的信息[9]。

随着对工作流技术研究的展开和深入,工作流技术作为一种有效控制、协调复杂活动执行,以及信息集成的手段,越来越受到人们的重视,其应用已经渗透到社会生产生活的各个方面,如制造业、通信业、银行业、政府部门等;而且随着市场和客户需求的快速变化,业务流程也呈现出变化、动态、协作的新特点[10, 11]。在高度分布的复杂环境中,企业要想提升自身的市场竞争力,必须能够以动态协作的运营方式进行快速实时创新、敏捷应对市场和客户需求的变化[12],这不仅对工作流的描述能力,而且对工作流的适应能力,以及扩展能力等方面均提出了更高的要求。

目前,工作流技术在理论基础、实现技术等方面已经取得一定的突破,对工作流技术的研究也正向深层次发展。然而,已有的工作流技术多面向相对封闭的、稳定的业务环境,它们在面向当前动态、开放的业务环境及需求时尚存在描述效率低、异构、适应性差等问题,从工作流技术的实际应用状况来看,还远未达到人们所期待的水平。影响工作流应用推广的原因很多,现归纳出以下几方面。

(1)缺少面向业务人员的描述手段。

目前多数工作流的描述是面向系统开发技术人员的,这样所产生的结果是,不仅在系统开发阶段需要技术人员与使用系统的业务人员进行频繁的交互,使技术人员过多地介入到业务领域具体流程的设计中,而且在系统开发完成后,在系统的运行和维护阶段,仍然需要技术人员参与日常的操作和管理。无论是业务流程发生变化,还是企业机构发生变化、人员职责发生调整,都需要技术人员干预才能使系统适应需求。这就无形中使技术人员过多地介入了企事业单位的业务管理,削弱了业务人员的管理权限,限制了他们的创造性和工作活力。这也是很多工作流系统不能得到业务人员充分支持、效能不能充分发挥的重要原因。

(2)缺乏对柔性工作流及其演化的支持。

随着企业的不断发展,对工作流技术的需求已经不仅仅局限于静态范畴,而是对工作流动态变化的处理能力提出了更高的要求。动态变化使工作流变得较为复杂,建模时无法预知流程中所有的控制步骤,以及信息资源,即使能够预知上述内容,也未必能够描述出完整准确的模型;对于复杂的工作流来说,如果在建模阶段一次性将其描述出来,那么会使整个工作流变得过于庞大难以理解。而且,现有的工作流大多只考虑因业务逻辑、控制规则因素引起的工作流的动态变化,而对组织机构变化或重组所引起的工作流的动态变化考虑不足,导致工作流的执行具有不稳定和不可预知性,这种情况下,最初为促进企业管理而建设的工作流逐渐成为企业机构重组过程中的障碍,影响了流程的持续改进。

(3)缺少面向业务领域的统一数据管理手段。

目前一般的数据建模是面向计算机处理层次和软件技术人员,很少提供直接面向业务领域或业务人员的数据描述方法,以及对数据集成的标准连接手段。在工作流系统需要使用外界环境中的相关数据时,只能借助于第三方程序或者由技术人员根据外界数据结构进行描述。当使用第三方程序时,由于第三方程序可能遵循不同的规范标准,未必可以满足工作流系统的数据管理要求;而且第三方程序不属于工作流系统按需构造的软件,能否符合工作流系统的功能需求也难以确定。当由技术人员根据外界数据结构进行描述时,由于所要描述数据可能来自不同的数据源,具有不同的数据结构,如果将不同结构的数据纳入到工作流管理中,不仅需要提供不同数据源的物理结构才能完成建模,而且这种描述对于流程建模人员的专业知识要求也比较高;更进一步地说,数据处理时,需要为每种不同的数据源提供一种解析插件,才能使工作流系统具备对不同数据结构进行处理的能力,这不仅增加了系统的复杂性,而且降低了系统的可维护性。

(4)缺少标准的业务处理工具接口规范。

作为工作流描述过程中的重要元素,业务处理工具为业务处理人员提供业务加工的方式,通过对应用对象及其应用逻辑的处理,为工作流系统提供丰富的业务集成手段。工作流业务集成的关键在于将业务流程的业务逻辑从业务处理的应用逻辑中分离出来,只有这样才能在业务流程发生变化时,快速调整业务逻辑,而不需要改变应用逻辑的实现,同样在业务处理需求发生变化时,快速调整应用逻辑,而不需要改变业务逻辑的实现。但在当前的工作流系统中,应用逻辑同业务逻辑一起以硬编码的方式被固化隐含在工作流的实现中,无法抽取出独立的业务逻辑与应用逻辑。无论业务流程还是业务处理需求发生变化,均需要重新分析、设计工作流的实现,这不仅不能应对快速变化的市场环境,反而大大增加了企业的成本。此外,业务逻辑与应用逻辑混杂在一起,很难清晰地描述系统所支持的业务流程,因此难以对业务流程实施管理,以进一步优化业务流程,提高企业运行效率。

(5)缺少灵活多样的用户接入手段。

伴随着企业业务的不断扩大和跨地域性发展,传统的本地接入模式由于限制了员工的工作时间和工作地点已逐渐显示出其局限性,随之出现了远程接入方式,远程接入不仅远离了时间和空间的约束,而且为不同区域不同机构间的员工提供了一条协作的途径。但是单一的接入方式难以满足用户的工作要求。因此设计时不仅需要考虑适合用户实际工作情况的接入方式,还要兼顾企业的安全风险,尽量满足不同用户的接入需求,使系统部署和业务访问具有一定的灵活性和简易性。

综上,当前的工作流技术在面向业务人员的描述、柔性工作流的演化、异构数据的整合、业务处理工具接口规范,以及用户接入方式等方面的支持存在不足。鉴于此,本书接下来将讨论:①以业务为核心的工作流描述方法,为业务人员参与工作流描述提供支持;②利用可演化的柔性工作流模型,实现业务要素的聚合,以及业务流程的动态扩展;③面向业务人员的数据统一描述和处理方法,将分布式的异构数据集成起来为工作流所用,实现数据融合;④将遵循标准化接口规范、经过独立封装的业务处理工具在活动层面进行集成,实现应用逻辑和业务逻辑的分离;⑤结合业务流程的特点,通过门户站点实现多种用户接入方式的统一管理。

第二章　面向业务语义的工作流关键技术

面向业务语义的工作流关键技术主要包括工作流的描述方法、模型、组成元素的提供，以及用户接入方式的管理。工作流描述方法提供了工作流描述所遵循的基本原则和指导方法。工作流模型用于规约工作流组成元素的聚合方法，它定义了业务处理人员使用业务处理工具实现业务数据处理的过程，其中业务数据，以及业务处理工具作为独立的组成要素为工作流模型的建立奠定了基础。通过对现有工作流模型[10, 13~15]和语言[16, 17]的考察，可以发现它们还只是面向专业技术人员的，即使在相应的工具支持下也难以为业务人员所掌握。

2.1　工作流描述方法

对于面向工作流软件的需求分析领域，部分研究从需求工程角度出发，就如何准确地描述工作流，避免 IT 人员与业务人员之间交流的二义性等方面进行研究，以使后期实现的工作流软件能够真实表达用户的业务实际[18~20]。

最为成熟并被广大工作流领域研究人员认可并推崇的描述方法是事件驱动过程链 EPC(Event – Process Chain)[21, 22]及其针对各种应用所进行的扩展形式。它侧重于从直观的业务逻辑角度对工作过程进行建模，非常容易掌握。EPC 兼顾了模型表达能力强和模型易读性两个方面的优点，被广泛应用于工作流的定义，在与未受过专业建模训练的业务人员讨论工作流建模时，不失为一种功能强大的工具。EPC 既不考虑建立标准的可交换格式，也不考虑语义是否严格符合形式化的理论要求，也不强制引入与具体实现相关的元素和需求，也不提供复杂的流转控制结构，它只关注业务流程本身最基本的元素，其用途在于描述工作流的先后顺序及业务逻辑,而不是着重于细节的语法定义。从可理解、易使用、易推广的标准来衡量,EPC 方法是比较成功的。

基于 Petri 网的工作流模型[23, 24]采用图形化、数学化的建模方法,为描述和研究具有并行、分布式和随机性等特征的复杂系统提供了有力的手段。这种方法兼顾了严格语言和图形语言两个方面,具有坚实的理论基础和比较成熟的分析方法。但是由于 Petri 网建模需要一定的专业知识和数学基础,对于非专业人员而言,理解 Petri 网比理解基于有向图的模型困难得多,因此不利于推广使用。

基于有向图的工作流模型[25, 26]中,节点标识任务活动或逻辑控制,有向弧标识节点间的时序依赖关系。这种基于有向图的模型比较直观,容易理解,目前许多工作流产品都采用这一模型。

基于规则或约束的模型使用路径规则或约束来表示结构和数据流,路径分成条件、规则和并发。如并发事务逻辑(Concurrent Transaction Logic,CTR)模型[27, 28],该模型由控制流图、触发器和时间约束集合组成,它在运行中指执行满足时间约束集合的运行路线,所以支持全局约束,可以找出冗余的约束。

基于协调理论的工作流模型主要研究如何管理活动之间的相关性。Malone[29]提出层次、市场、对等伙伴,以及代理四种协调政策,在对等伙伴经过多次协商不能达成一致意见的情况下,由代理来完成方案的选择。

基于事务的工作流模型以数据库事务模型为基础,包括嵌套事务模型,多层事务模型和柔性事务模型等高级事务模型。Sheth[30]在高级事务模型基础上提出了事务工作流的概念,完全从工作流的角度提出了任务的结构化定义,以及基于任务间依赖关系的工作流定义。

虽然当前工作流领域已经提出多种不同的描述方法,但是对业务人员参与工作流描述的研究为数不多,总结现有的工作流描述方法,主要存在以下问题。

1)需要专业人员帮助才能完成,难以满足即时性要求。缺乏一套能够支持业务人员、特别是不具备特殊专业技术的业务人员方便地进行工作流描述,且具有动态扩展性的建模方法,这不仅导致工作流的许多关键特性无法保证[31, 32],而且使得工作流的描述效率低下。

2)流程元素组合方式过于僵硬,难以应对快速变化的业务需求,灵活性差。缺乏一个标准化的框架来支持对已有应用的集成,很多工作流采用硬编码方式实现集成,一旦业务需求发生变化,业务人员很难快速将其反应到工作流上。

3)缺乏统一的标准和规范,需要定义专有的接口和封装策略,开发效率低。由于工作流管理系统最重要的功能之一就是集成现有的各种应用系统,消除信息孤岛,形成一个具有一致性的、统一的信息系统。因此,迫切需要实现工作流功能接口的标准化,提供良好的互操作性和可扩展性,以支持流程重组。

工作流是从技术层面来解决业务流程的自动化问题,这就使得现有的多数工作流的描述是面向系统开发的技术人员。而流程的管理和变化则更多是一个业务层面的问题,因为发现并提出变化需求的是业务人员。由于业务人员与技术人员分属不同的领域,具有不同的领域知识,业务人员很难直接使用技术人员生成的工作流描述。这样所产生的结果是,不仅在系统开发阶段需要技术人员与使用系统的业务人员进行频繁的交互,使技术人员过多地介入到业务领域具体流程的设计中,而且系统开发完成后,在系统的运行和维护阶段,仍然需要技术人员参与日常的操作和管理。

上述分析表明,传统的以 IT 技术人员为核心的工作流描述方法并不足以满足快速多变的业务需求,为了实现符合以高效率、低代价为特征的面向业务人员的工作流的快速描述,迫切需要新的思路和方法。

2.2　工作流动态扩展

不同的研究者对工作流的柔性给出了不同的定义。Sadiq[31] 提出,工作流的柔性指在建模阶段只给出工作流的部分描述,到执行阶段才确定完整的描述。Schonenberg[34] 提出,工作流的柔性指它在面对可预知和不可预知的变化时能够调整受影响的部分,同时保持不受影响部分的原有形式。Regev[35] 提出,工作流的柔性指流程无需被完整替换即可进行改变。上述定义表明工作流要想具有柔性,必须能够在受到内外因素影响时作出适当调整,而且要保持一部分内容不变,作为调整的支点[36]。

截止目前,研究者已经探索了几种不同的提高工作流柔性的技术方法,归纳起来可以分为约束选择、逐层细化、预期偏离和非预期变更四个方面。

(1)约束选择。

约束选择是实现柔性工作流的基本形式,即在建模阶段对工作流执行过程中可能出现的所有情况进行描述,到了执行阶段,由用户根据实际需要来选择具体的执行路径,这个过程中,保持不变的是所定义的工作流模型。典型代表有,Peter[37]等根据学生选课的实际需求提出了一种基于子过程的柔性工作流建模方法,根据课程之间的选择约束、终止约束和创建约束动态绑定子流程实例,子流程定义是完全独立的,不依赖于需要扩展的流程;文献[38]将业务流程设计分为建模、配置和执行三个阶段,其中执行阶段与传统的业务流程设计方法中的执行阶段具有相同的功能,而配置阶段是依赖于建模阶段的,建模阶段需要预定义所有可能的可达路径,配置阶段在执行阶段实施之前决定所要使用的具体路径。该文献讨论了扩展所要满足的约束条件,但是建模阶段依然假定了流程中的不确定性因素。Heinl等[39]总结了为用户提供选择—执行路径的灵活性,以及动态调整流程功能两种提高工作流柔性的实现方式。周建涛等[40]将变更和异常界定为柔性工作流的主要研究内容,并对选择调整、异常处理和版本迁移三种柔性策略,以及划分影响区域、继承和反演等实现机制进行了理论综述。

(2)逐层细化。

逐层细化是应对不确定性变化的一种有效方式。在工作流实例运行之前,无须完整精确地定义工作流模型中的每个细节,流程建模人员根据当时对业务目标的理解程度,对工作流已知部分进行建模;在工作流模型实例化以后,随着业务流程的展开,以及流程建模人员对业务目标认识的不断深入,在执行阶段对业务流程进行不断细化,以提高工作流的柔性。这又称自顶向下逐步求精的建模方法[41~44]。简单来讲,逐层细化法通过一系列处理步骤、采用一定的建模手段,对实际流程的业务目标和变化模式进行分析和总结,通过分治思想把复杂问题逐步简化分解,隐藏对流程目标影响较小的细节现象,得到抽象的柔性工作流模型。这种方法将复杂任务细化成多个相对简单的子任务,再对子任务进行求解,一定程度上简化了建模的复杂性。逐层细化过程中,保持不变的是已经建立的半精确化的工作流模型。对工作流进行精确化建模主要采用框架式、开放式和骨干式三种策略。

框架式建模方法首先会建立工作流的整体框架,对于其中无法确定的部分使用黑盒代替,当工作流执行到黑盒的位置时,对先前无法确定的部分进行细化,可动态选择合适的资源来完成该活动或使用子流程来替换该活动。典型代表有:孙瑞志等在其文献[45]中提出了黑盒模型,即通过在流程描述中引入新的节点——黑盒(Block Box)来表示流程中的不确定性因素,在描述阶段将这些不确定性因素封装到黑盒中,在执行阶段再对黑盒进行动态扩展;Sadiq 等[31]针对流程中多分支控制流提出了可插拔节点方法,将每个分支的控制流作为一个子流程独立进行定义,同时抽象出一个核心流程,核心流程包含若干个可插拔节点,执行时根据需要将核心流程中的可插拔节点映射到预先定义的子流程上,实现流程描述的柔性化;范玉顺等在其文献[46]中提出了一种基于协调理论和反馈机制的工作流建模方法,在传统活动网络模型的基础上,提出了新的建模机制,增加了请求节点、服务节点、协调节点和多实例化节点等新的建模元素。

开放式建模方法对可预知的不确定性变化进行建模,所建立的工作流模型是开放式的,以便能够随着工作流的执行而进行逐步扩展。典型代表有:Jorgensen[47]提出基于交互的柔性工作流框架,流程的解释执行是半自动的,需要执行流程实例的终端用户参与,才可以实现对流程建模阶段指定的不确定性因素进行扩展,这种方式可以直接体现用户当前的想法和真实的工作情况;Bassil 等[48]直接扩展了工作流参考模型(Workflow Reference Model,WfRM)[5]的应用编程接口,包括接口 1(过程定义)、接口 2(用户应用)和接口 3(调用应用),从而支持流程结构和属性修改等柔性操作;还有 Praxis Project[49] 和 Human Interaction Management[50]。

骨干式建模方法只描述工作流模型中要执行的活动,以及这些活动之间的约束关系,具体的执行路径则留在执行阶段进行动态选择。典型代表有:DE-CLARE[51]、Low – fidelity Models[52],以及流程重用和活动分解的方法[53, 54]。

(3)预期偏离。

预期偏离在不改变工作流模型的前提下,根据实际需要偏离工作流模型预先定义的执行路径。在这个过程中,工作流模型维持不变。常见的偏离操作包括取消、忽略、重做,以及提前处理活动等。现有的工作流系统都或多或少支持部分偏离操作,如 OpenWFE[55]支持执行时创建新的活动实例、重做活动等;WSA[56]支持忽略活动和重做活动等;newYAWL[57]对偏离的支持相对比较全面;DECLARE[51]支持执行阶段根据实际需要突破非强制性的可选约束,自行选择合适的活动来执行;Case Handling[58]方法在建模时将数据对象与工作流建立联系,包含强制、限制或自由,工作流中的每个活动均可被执行、忽略或重做,这三类操作被授权给每个角色,在执行阶段,用户被赋予特定的角色,根据相关数据对象的状态,以及与当前处理活动之间的联系选择执行、忽略或重做等具体操作。

(4)非预期变更。

非预期变更支持执行阶段工作流结构的动态调整而无须终止处于运行状态的工作流实例,调整完成之后,工作流实例可以顺利迁移到新模型上继续执行。

依据变更的作用范围,非预期变更可以分为实例变更和模型变更两种[35, 59]。实例变更一般是具体实例在执行过程中遇到特殊情况而被迫作出的临时性的、有针对性的调整,变更只在当前实例内起作用,不影响工作流模型和其他实例。典型的有支持人工调整工作流实例的 ADEPT1 项目[60],以及实例变更的自动实施[61, 62]。模型变更一般是由结构调整、技术升级或政策变动等内外因素引起而主动作出的有计划的调整,它要求处于运行状态的旧模型实例迁移到新模型上,体现了工作流的再设计和演化。模型变更可以分为基于变更区域[59, 63]和基于修正操作集[60, 64]两类。基于变更区域方法将所有变更操作影响活动的最小范围定义为变更区域;基于修正操作集方法将变更看作一系列满足极小性、完整性的变更操作原语组成的操作序列,保证变更操作之后不会造成模型结构和运行实例不一致的错误。

已有的描述方法虽然在提高模型描述能力、降低建模复杂度、提高系统柔性等方面有了较大的改进,但是仍然存在以下局限性。

1)引入的建模元素是一个虚拟元素,并非可执行实体,需要经过特殊处理方能够解析执行,一定程度上增加了系统建模及处理的复杂性。

2)引入的建模元素无完整的活动语义,没有完整的业务执行规则、约束条件,以及访问资源,在执行前必须给出完整的描述,否则流程无法继续执行。

3)以流程中不确定因素的可预知性为前提,没有考虑流程中不确定因素的不可预知性。新型建模元素所在处代表流程中的不确定性因素,对于建模阶段可以被认定为不确定性因素的情况来说是可行的,但对于建模阶段无法认定为不确定性因素的情况是行不通的。

4)使用新的建模元素仅仅支持流程的动态变化,没有考虑企业组织结构的变化,从而无法支持由于组织结构变化所带来的对业务流程的影响。

5)对新型建模元素进行扩展时,没有给予合理的约束,很难保证扩展后流程的完整性和有效性。

在现有动态开放的网络环境下,业务流程的频繁变化导致工作流模型越来越复杂,描述时无法确定的业务要素越来越多,而业务要素是描述工作流的基本单元,缺少它将无法构建完整的工作流。现有对柔性工作流的研究多以流程中不确定性因素的可预知性为前提,没有考虑对不可预知的非确定性因素的描述。有些研究引入了新的节点,增加了系统建模的复杂性。而且新节点没有完整的活动语义描述,在执行前必须对其进行扩展,否则所定义的抽象流程将无法解析运行,若使用引入新的建模元素的方法[31, 45, 47]将会大大增加流程建模及处理的复杂性。为了降低流程建模的复杂性,要求工作流模型能够利用已有的建模元素对包含不确定性因素的业务流程进行建模。

工作流变化可能由单纯的业务逻辑或应用逻辑的变化引起,也可能由企业机构的扩建或者重组引起,实际上,组织机构作为工作流的重要组成部分,对业务流程的变化有着深远的影响。当工作流的变化由企业机构的变化引起时,最初为促进企业管理而建设的业务流程将会成为企业机构变化过程中的障碍。为了弥补当前工作流技术在处理由企业机构变化带来的工作流动态改变方面存在的不足,要求工作流模型能够在现有模型的基础上利用已有的建模元素支持组织机构的变化,以提高工作流的适应能力。

2.3　工作流数据管理

长期以来,工作流的研究大多关注控制流的结构、建模、调度和优化等方面[65],相比之下,数据流并没有像控制流那样受到足够的重视[66],数据缺乏有效的管理。

WfMC[67]将工作流中的数据分为三类:工作流控制数据、工作流相关数据和应用数据,规定工作流控制数据和相关数据由工作流系统直接访问,而应用数据不能被工作流系统直接访问。WfMC将工作流系统能够处理的数据限定在工作流控制数据和相关数据上,这些数据均来自流程内部;对于流程外部的应用数据,WfMC指出工作流系统不对其进行直接访问,由特殊组件处理。实际上,业务流程外的应用数据在工作流系统中扮演着重要的角色。在业务执行过程中它既可能作为业务处理人员所要访问、引用或者参照的业务数据,又可能作为判断状态转移条件的控制数据,是工作流中数据的必要组成部分。因此工作流系统不仅需要对来自业务流程内部的工作流控制数据和工作流相关数据进行管理,更需要对来自业务流程外部的应用数据进行管理。截止目前,业界和学者均对工作流中的数据管理从不同方面进行了各种尝试。

(1)依赖于第三方组件进行数据访问。

一些商业产品如 MQWorkflow[68, 69]、Staffware[70]、FLOWer[58, 71, 72]、COSA[73] 使用工作流引擎直接访问工作流控制数据和工作流相关数据,使用特殊组件来管理应用数据。具体来讲,MQWorkflow 将工作流系统对应用数据的访问嵌入到活动代码中;Staffware 调用特殊活动 Automatic Step and Staffware Script 来访问应用数据;FLOWer 使用 Mapping Objects 访问应用数据;COSA 则使用 Tool Agents 来访问应用数据。上述商业产品以 WfMC 的数据分类为基础,将应用数据管理从工作流系统中独立出来,使工作流系统本身不具备对应用数据进行管理的能力,而要依赖特定组件才能完成应用数据的间接访问。

(2)采用硬编码方式实现数据描述和访问。

Alonso[74]使用 FlowMark 作为工作流引擎来处理控制流,使用 LotusNotes 支持分布式数据管理,应用数据访问以硬编码形式嵌入在活动代码中,该方法将数据描述与访问的实现固化在活动代码中,一旦数据结构发生改变,必须重新编写代码才能满足要求。Russell[75]将工作流中的数据分为 40 种类型,并从数据权限、数据交互、数据传输,以及数据路由四个方面阐述了各种数据的特征和实现。

(3)数据仓库。

Bonifati[76]采用数据仓库来管理工作流中的数据,该方式存在数据重复存储、更新不及时的缺点,无法满足工作流系统的动态实时要求。

（4）强调数据处理方法。

熊鹏程等[77]基于通用语言 XML 建立分布式工作流数据交互的中间件,为异构数据建立一致的映射关系;杨慧松[78]讨论了面向人机交互的事务性工作流中相关数据模型的建模,以及工作流运行层面的推拉技术;张志君[79]提出一种高性能的分布式工作流系统实现框架,其高性能主要体现在采用 COM + 技术下的分布式工作流系统中应用、逻辑与数据的分离;李海波等[80]针对过程中活动间的数据流,提出了工作流引擎和数据流的调度算法;干哲等[81]根据数据流模型的特点定义了数据流元模型,创建了活动间细粒度接口数据交互的数据流二步建模法,提出多实例工作流中数据流的调度策略,并采用统一建模语言 UML 对数据元模型进行描述。上述研究重点讨论工作流模型中相关数据的处理方式,没有考虑业务视图下面向业务人员的数据描述方式。

（5）面向技术人员的数据描述。

Panta Rhei 系统[82]采用 XML 格式对流程外部应用数据的物理属性进行统一描述,流程建模人员据此 XML 文件对数据进行描述。系统需要为每种应用数据源提供专用的插件,用于实现应用数据访问,该系统的数据描述以数据源的物理结构为基础,流程建模人员必须熟知相关的数据源技术才能完成数据描述。这就是说数据描述是面向技术人员的,在数据源种类增加时,必须开发新的专用数据访问插件来实现数据访问,增加了系统开发的成本。王月龙等[83]基于分层概念提出了一种基于元数据导航的工作流模型,将元数据分为业务层元数据、任务层元数据、规范层元数据,以及物理层元数据,通过元数据的动态装配和逐层映射完成半自动化的工作流部署,这个过程需要业务人员和技术人员的联合行动才能完成。

目前工作流自身已经具备了对多种数据进行处理的能力,部分数据处理可以不再单纯地依赖于第三方组件。但是已有的工作对数据描述方面的研究不多,尤其在流程建模阶段,工作流所提供的面向业务人员的数据描述方法比较有限,大多工作流系统使用的数据描述方法是面向计算机处理层次和软件技术人员,很少提供直接面向业务领域或业务人员的数据描述方法,以及对数据集成的标准连接手段。这就使得工作流系统在投入使用以后,不仅设计流程的建模人员在描述工流数据时需要与管理数据源的技术人员进行频繁的交互。而且在业务流程启动之后,一旦它所访问的数据源结构或者数据属性发生变化,就必须要数据源管理人员干预才能实现数据管理,从而使技术人员过多地介入到企业的流程管理中,削弱了业务人员的管理权限。

此外,在工作流系统需要使用外界环境中的相关数据时,只能借助于第三方程序或者由技术人员根据外界数据结构进行描述[74,76,82],而外界数据结构并非是工作流系统按需构造的,能否符合工作流系统的数据描述要求还难以确定。为了能够顺利访问相关数据,需要解决业务领域的数据描述,分离业务人员和技术人员的职责权限,使工作流能够使用统一的数据描述方法不仅可以通过工作流中的数据传递来获取数据之外,也能够从用户的上下文中获取数据,同时还允许用户设定通过运行时交互来提供数据。

2.4　业务处理工具接口

业务处理工具作为独立的工作流描述元素,在为业务处理人员提供数据加工手段的同时,必须具备独立的接口规范,从而可以以松散耦合的方式灵活地集成到工作流模型中。

考虑到工作流与业务处理工具集成的必要性,WfMC 提出工作流参考模型[5],将工作流中业务处理工具的集成总结为四个方面:①流程建模工具与业务处理工具的集成,完成业务处理工具与业务流程之间绑定关系的描述;②工作流引擎与业务处理工具的集成,实现工作流中自动活动的处理,即在需要进行自动业务处理的节点上,由工作流引擎调用相应的业务处理工具自动完成业务处理;③工作流任务管理器与业务处理工具的集成,以便在激活工作流某个任务时,直接调用相应的业务处理工具;④工作流任务处理界面与业务处理工具的集成,在工作流处理界面完成工作流控制数据的维护、工作流任务的提交,对于工作流任务中需要进行业务处理的工作,调用相应的业务处理工具进行处理。

WfMC 给出的工作流参考模型虽然重视业务处理工具与工作流的集成,但是并没有就业务处理工具与工作流集成的具体方式给出明确说明[84]，而且该模型中讨论了业务处理工具在流程层面的集成，对业务处理工具在活动层面的集成考虑不足。实际上，业务处理工具是活动参与者为完成某个业务目标而使用的软件工具，是同业务活动紧密关联的，而活动需要通过工作流模式的组合之后才能形成工作流。从这一点上看，业务处理工具应该直接与活动进行集成，而不仅仅局限于与业务流程的集成。此外，WfMC 的集成方式使得业务处理工具的应用逻辑同业务流程的业务逻辑一起被固化并隐含在工作流的实现中，无法抽取独立的应用逻辑与业务逻辑[85]。当业务处理工具的应用逻辑发生变化时，必须重新分析、设计工作流的实现，这不仅不能应对快速变化的市场环境，反而大大增加了企业的管理成本；而且应用逻辑与业务逻辑混杂在一起，很难清晰地描述系统所支持的业务流程，从而难以对业务流程实施管理以进一步优化业务流程，提高企业运行效率。

针对工作流中业务处理工具的集成问题，文献[84]指出缺少与业务处理工具的集成是工作流系统难以推广的原因之一，同时提出了工作流的两层活动结构模型，讨论了业务处理工具与活动间的集成，以及对应用数据的处理。但是，由于活动中集成了不同的业务处理工具，如文件编辑器 WORD、文件浏览器等，而不同业务处理工具对输入和输出的要求有所不同，产生的应用逻辑也是不同的。该文中并没有对如何处理不同工具的应用逻辑进行深入探讨，导致业务处理工具涉及的应用逻辑仍然与流程的业务逻辑混杂在一起，其中一种逻辑发生改变必然会对另外一种逻辑产生影响。

文献[86]以 web 应用为背景，提出了一种基于工作流引擎的过程构件组装体系结构，并讨论了工作流引擎与构件之间的交互模式，以及基于这种交互模型的工作流引擎的内部结构。该结构虽然能够很好地将构件集成到业务流程中，但是该方法将工作流等同于构件的组装平台，使得工作流引擎不仅需要对复合构件内部的控制流进行调度，而且需要对复合构件内部的数据流进行处理，这种方法依然没有实现业务逻辑与应用逻辑的独立。

张英博等在其文献[87]中提出基于构件的扩展工作流体系结构，将构件作为业务处理工具集成到工作流中，讨论了工作流的集成架构、开放接口，以及工作流与构件间的数据传递机制。这种构件思想与本文的观点较为接近，但该文献将构件的组装与控制纳入到工作流管理中,导致业务流程参与构件的部署过程,这样一旦构件的组装过程发生改变,业务流程的业务逻辑描述势必会受到影响。

Zhu[65]也提出了工作流系统中构件的概念,但该文献侧重的是使用构件化的思想开发工作流系统,与本文所讨论的基于构件的工作流集成有很大区别。

业务处理工具为业务处理人员实现业务处理提供了丰富多样的方式和手段。然而不同的业务处理工具对工作流环境具有不同的要求,作为工作流描述过程中的关键业务要素,业务处理工具必须能够根据工作流模型的需要方便地进行修改。但是,已有的工作流模型无法很好地支持业务处理工具的集成,究其根本原因是上述研究均在技术层面以应用实现为导向进行业务处理工具的集成,而不是在流程层面以业务目标为导向进行业务处理工具的集成,由于技术层面与流程层面又没有直接的交合点,从而导致业务流程的业务逻辑与业务处理工具间的应用逻辑彼此渗透、耦合紧密、交互复杂[58, 60, 61],这种方式很难清晰地描述系统所支持的业务流程,从而难以对工作流实施有效地管理。

此外,现有的多数工作流模型中业务处理工具不具有独立的应用处理逻辑,无法根据工作流模型的需要随时进行添加或删除,从而无法作为独立的业务要素提供给业务人员。因此,需要将业务处理的应用逻辑从业务流程的业务逻辑中分离出来单独进行封装,提供统一的与工作流的连接规范,使其能够在适当的时候根据需要自由地绑定到工作流中,以实现业务逻辑与应用逻辑的独立,从而便于业务处理工具的修改,为工作流系统提供一致的业务加工手段。

2.5　用户接入管理

WfMC 定义了工作流任务管理器的功能作用,并提供了四种可能的通过任务管理器来实现工作流客户与工作流机之间的通信方式[88],但是并没有就任务管理器所提供的用户接入方式进行约定,因此各工作流产品均根据自身的结构需求对用户接入方式进行设计。Meteor[89]为用户提供了三种不同结构的工作流执行系统,分别支持不同接入方式需求,但是 Meteor 的接入方式对不同结构的工作流执行系统来说是相互独立的,每种工作流执行系统均支持一种用户接入方式,无法在同一结构的工作流系统中根据不同用户的接入需求进行灵活的设定。Staffware[90]只支持本地接入方式,Staffware v2[91]、COSA[92]和 Ultimus[93]只支持远程接入方式。上述工作流产品所提供的接入方式较为单一,无法根据不同用户的不同需求提供方便灵活的接入方式。

随着门户技术的兴起,门户在企业中获得了广泛的应用。门户的能力不仅体现在能够访问并集成各种数据方面,还体现在它不仅提供了一致、方便、有效的方法用于集成企业现有的多种应用系统,如基于 web 的应用系统、ERP(Enterprise Resource Planning)系统、CRM(Customer Relationship Management)系统等,使得用户可以从特定的接入点登录应用系统实现远程访问,而且提供了一种屏蔽用户对服务所在节点进行直接访问的手段,增强了系统的安全性和可靠性。正因如此门户引起了业界的广泛关注,工作流领域也引入门户为用户提供统一的远程接入访问。

现有的门户系统是在支持服务集成的基础上为用户提供远程接入的,所实现的远程接入以门户中的服务集成为前提、依赖于门户中服务集成的实现。目前常用的门户系统中服务集成的支持方法大致可以归为两类:一类是基于模板的集成方法,该方法是最简单的服务集成方法,通过设置 SOAP 协议参数可以激活预定义的 web 服务、在服务运行过程中发送消息,以及接收服务的返回结果,上述处理多以脚本代码的方式嵌入在页面中,典型的有 Open Text 的 Portal Management[94];另一类是以数据为中心的集成方法,该方法较基于模板的方法有了很大的改进,但需要被集成的 web 服务具有基于 XML 的接口描述,接口提供了输入输出之间的转换,web 服务封装的业务对象之间通过接口进行集成,因此这种方式的服务更像是一个数据服务者而不是业务处理服务者,具有代表性的有 Oracle 的 WebLogic[95],以及 Microsoft 的 SharePoint Server 2007[96]。此外,IBM 的 WebSphere Portal Server[97]为每个 web 服务提供一个专用的门户构件,通过门户构件之间的互操作实现服务间的集成。宋靖宇等[98]提出一种基于语义数据协作的 Portlet 互操作方法,通过 Portlet 组件之间的数据交互间接实现应用的集成,这些基于门户组件的方法较基于模板的方法,以及以数据为中心的方法有了较大的改进,但是本质上仍然是基于数据的集成。上述几种方法之所以能够为用户提供一致的远程接入访问,是因为它们将所有服务都注册在门户中,使用门户作为服务组合的容器,从而用户只需要访问门户便可以实现统一的远程接入访问。这种方式虽然也实现了用户的远程接入及单点登录,但是使用门户作为其服务集成的场所,不仅增加了门户实现的复杂性,而且将应用层的逻辑融合在门户的实现中,增加了门户与应用之间的耦合性。

远程接入是允许用户使用浏览器通过网络远程访问和处理业务,故又称 web接入。本文提出一种基于门户的 web 接入控制方案,将用户接入与服务集成分离开,在门户层实现用户接入控制,在业务流程层实现服务集成,通过增加服务的web 接入及其接入控制规则的描述,将门户与业务流程无缝的结合起来,从而为用户提供单点登录及一站式服务。

2.6　亟待解决的问题

已有的工作流研究无论在描述方法还是组成要素方面都取得了很大的成果,一定程度上能够支持实际流程的运行,同时也存在一些不足。现有的工作流模型一方面缺乏面向业务人员的工作流描述手段,使业务需求到业务流程的过渡存在困难,这些业务流程配置方法多局限于较低层次,过于依赖具体的实现技术,未能实现业务流程描述与 IT 实现的分离;另一方面缺乏有效的物理资源的抽象手段,使工作流模型过于直接依赖物理资源的实现技术,未能有效地分离工作流组成要素及其实现两个层面的内容,从而使得业务人员难以掌握。造成上述问题的主要原因在于缺少面向业务人员的业务要素的组合手段描述其业务需求,特别是在不直接依赖具体实现技术的前提下,让业务人员可以从业务层面通过对其需求的描述来完成业务要素的组合,从而使业务人员在描述时可以专注于业务要素组合的描述而不必考虑业务要素的 IT 实现;同时又缺少面向业务人员的业务要素的呈现方式,从而使得工作流描述不得不直接依赖于具体的实现技术。

由于实现业务流程配置的业务人员与开发业务流程配置的技术人员分别从属

于业务领域和软件技术领域,上述两个领域之间又存在着不可逾越的鸿沟[99],这使得现有的业务流程配置方法难以被业务人员理解和掌握,若不求助于 IT 技术人员,业务人员几乎不可能根据其业务需求构造出对应的业务流程。为此,我们需要提供提供面向业务人员的业务要素的组合手段及呈现方式来描述业务需求,特别是在不直接依赖具体实现技术的前提下,让业务人员可以从业务层面通过对其需求的描述来完成业务要素的组合,从而使业务人员可以专注于业务要素组合的描述而不必考虑业务要素的 IT 实现。

第三章 面向业务语义工作流描述方法的基本思路

面向业务语义的工作流描述方法基于解耦原则,将各实体对象从业务流程的紧密耦合中分离出来进行独立封装,形成业务领域的工作流组成要素,由具备较少或者不具备 IT 专业知识的业务人员在不借助于 IT 专业人员的前提下,根据业务需求遵循特定的业务规则界定业务要素的功能特性及其规格要求,然后由业务人员根据上述业务规则对业务要素进行组合,自主完成工作流组成要素的组装。

3.1 面向业务语义的提出

支持业务人员参与工作流描述需要为业务人员提供对他们来说描述时可用的业务要素,使其能够通过对业务要素间组合的使用以达到业务人员使用物理资源的目的。业务要素需要为业务人员提供底层物理资源的抽象表示形式,这种抽象表示能够体现业务领域的内容,建立工作流与底层物理资源的关联,同时对业务人员屏蔽底层物理资源的动态变化,通过底层物理资源的封装为工作流提供实施上的保障。

从业务人员使用的角度来看,为了完成工作流的描述,要求业务人员在实现业务要素间的组合时,必须遵循工作流模型的约束和驱动。从工作流描述的角度来看,为了遵循工作流模型的约束和驱动,必须为业务人员提供满足其需求、并能为其所理解和使用的业务要素。上述两方面是相辅相成的。

综合来看,为了实现面向业务人员的工作流描述,首先需要为业务人员提供业务要素组合模式的支持,从而方便业务人员建立与需求相关的映射。满足该要求的途径之一就是允许业务人员根据其具有的领域知识自主定义业务要素,从而保证所得到的结果能够满足业务人员的需求。其次需要建立业务要素的抽象方法和表现形式,以简化业务人员使用物理资源的复杂性,这就要求业务要素不仅能够提供丰富的封装资源的相关信息,而且可以便于业务人员准确地理解和使用以满足业务领域的需求。

为了实现上述要求,我们需要为业务人员提供参与资源配置的方式和手段,使其能够主动参与到工作流的描述中。为此,我们提出面向业务语义的概念,所谓业务语义,可以简单地定义为业务人员能够理解的语义。

面向业务语义指不具备或具备较少 IT 专业知识的业务人员,能够在不借助于IT 技术人员的前提下,利用已有的业务要素独立进行组合,从而生成满足需求的工作流。面向业务语义并不是一个全新的概念,它在终端用户编程(End – User Pro-gramming)[99~101]的研究中已有所体现。终端用户编程指为非专业软件开发人员提供一套技术,使它们能够在一定程度上创建或修改软件产品[102]。当前用来实现终端用户编程的技术分三大类[103]。

第一类为终端用户提供简单、易用的编程语言,代表工作有可视化编程语言,以及面向生物信息学家的工作流语言[104]。

第二类由终端用户基于类似自然语言的编程到可重用组件组合设计的转换,代表工作有基于组件的终端用户开发方法[105]。

第三类是为计算机赋予足够的智能使它们可以根据终端用户的行为爱好来编程[100, 106]。

面向业务语义技术与第二类终端用户编程技术较为接近,主要目标是为业务人员提供对他们来说可用的物理资源的抽象,通过对这种抽象的使用以达到业务人员使用物理资源的目的。

3.2　以业务要素为核心的解决思路

面向业务语义的工作流描述由业务人员在工作流模型的指导下按照一定的规

则,对物理资源经过技术封装后形成的业务要素进行组装,以生成满足业务需求的工作流。通过在工作流描述中引入面向业务语义的概念可以允许业务人员自主构建工作流,从而能够有效地满足业务人员的个性化需求,以及实现对多变的业务需求的快速响应。

为了实现面向业务语义的工作流描述,需要为业务人员参与到工作流描述提供相应的支持。围绕这个目标,我们需要解决两个问题。

1)如何让业务人员自行组装出个性化的柔性工作流。其主要目标是让业务人员可以利用他所看到的业务要素,从业务角度来自行描述表示其需求的工作流,从而提供面向业务人员的工作流描述的手段。

2)如何让业务人员看到业务要素。从业务人员使用的角度看,为了让业务人员可以自主进行业务流程的描述,需要为业务人员提供底层物理资源的抽象表示形式,而且要求这种抽象形式能够体现业务领域的内容,满足业务人员的需求,被业务人员理解和使用;从 IT 实施的角度看,为了保证上述抽象形式能够在 IT 层面得以落实,需要建立它们与底层物理资源的关联,通过底层物理资源为它们提供 IT 实施上的保障。

上述两个问题分别对应面向业务人员的工作流描述中的描述方法和业务要素两方面内容,因此,如何展示业务要素,并以低价、高效的方式实现业务流程的描述成为面向业务人员的工作流技术研究中所面临的重大挑战之一。

应对上述挑战的办法之一是将人们认识和理解现实世界的过程与工作流的描述过程同步起来,为业务人员参与到工作流描述提供描述方法,以及业务要素的支持,从而可以直接把业务需求转化为业务流程,提供一种支持业务需求不断演变且具有灵活性的工作流描述的新思路。这样,已有的需要技术人员参与的工作流描述过程可以在一定程度上由业务人员独立完成,进而实现以往 IT 技术驱动的工作流描述到现在业务驱动的工作流描述的转变。具体来讲,是让 IT 技术人员专注于开放式网络环境下资源封装和使能环境的搭建,而把满足及适应快速多变的业务流程需求的工作以简单的资源配置的方式留给业务人员去完成,我们把这种描述方式称为"面向业务语义的工作流描述"。

面向业务语义的工作流描述允许不具备或具备较少 IT 专业知识的业务人员

在不借助于 IT 技术人员的前提下,独立地从业务角度看到并直接按照业务需求透明地使用,以及自行组织他们所看到的业务要素,自主完成业务流程的描述,从而有效地满足个性化的业务需求并实现对多变的业务需求的快速响应。该方法主要面向业务人员,由业务人员在业务需求的驱动下对工作流进行描述,为此需要建立一种以业务领域对象属性,以及业务处理流程为描述要素的工作流开发方法,从业务管理的角度描述业务领域各要素的协作方式,以业务人员所熟悉的操作方式和可理解的描述方式,在业务层面直观地对业务要素进行描述,从而满足以业务人员为核心的工作流描述的要求。

针对现有的工作流描述方法难以为业务人员所用的问题,面向业务语义的工作流描述方法从业务人员管理的角度出发,讨论如何为业务人员提供面向业务语义的工作流描述方式,允许业务人员在业务层面将其业务需求对应到多个业务要素并将它们按照某种模式进行组合,从而实现以业务人员为核心的工作流描述的目的。

面向业务语义的工作流描述首先需要解决的就是如何提供简单灵活有效的业务要素组合手段,让业务人员能够从业务层面直接描述其业务需求,并且能够实现业务需求的描述结果到 IT 服务的转换;其次需要解决的就是如何提供有效的资源封装手段,对现有的物理资源进行业务级抽象,得到面向业务人员、满足业务要素要求的服务资源,为面向业务语义的实现提供基础条件。

基于上述认识,面向业务语义的工作流描述采取自顶向下的方式对业务需求目标进行逐步分解,得到粒度适中可直接使用业务要素进行描述的业务子目标,以指导服务资源的实现;采取自底向上的方式对物理资源进行封装,以业务子目标作为资源封装的原则及目标驱动服务资源的实现,得到面向业务人员、遵循标准规范的业务要素;采取资源聚合的方式对满足业务子目标需求的业务要素实现业务级的组合,进而生成具有个性化特征的工作流。简单来说,面向业务语义的工作流描述方法从对业务目标需求的自顶向下分析开始,到确定完成该目标所涉及的业务要素,并以此为依据进行自底向上服务设施的搭建,直至最终通过资源组合的方式完成业务需求到服务资源的动态关联、实现面向业务语义的业务需求描述及部署为止,整个过程遵循"自顶向下 + 自底向上 + 资源聚合"的指导原则(如图 2 所示)。

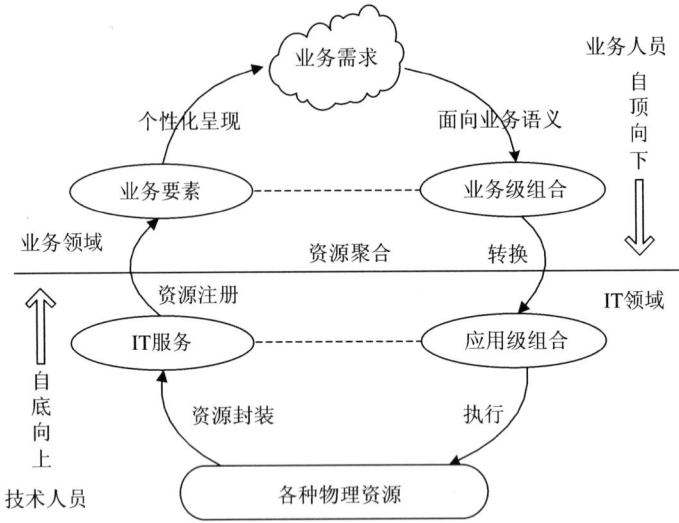

图2 面向业务语义的工作流描述的指导原则

  面向业务语义的工作流描述的解决思路如下:首先,业务人员根据其领域知识、主体经验对业务需求的总体目标进行分析,自主定义业务要素,并保证所得到的业务要素可以满足面向业务语义的需求,以此作为服务资源封装的指导原则;其次,从实施的角度来看,业务人员定义的业务要素必须关联到服务资源,才可以达到二者的同步,为了建立这种联系,技术人员需要依据业务要素的具体要求,针对已有的各种物理资源基于特定的封装技术完成服务资源的封装及描述,得到具有一定特性遵循标准规范的服务资源,并将其注册到业务领域以生成业务要素;再次,借助于面向业务语义的工作流描述环境,以可视化及个性化的手段将业务要素呈现给业务人员,为业务人员提供可理解、使用乃至可以直接对应业务需求的服务抽象,从而形成以业务需求为主导、受业务要素驱动的业务要素与服务资源的同步;最后,通过实现表示业务需求的业务要素组合到特定的业务流程的转换,得到最终的工作流,从而完成面向业务语义的工作流描述。

  综上论述,面向业务语义的工作流描述从业务要素的定义开始,由两个不同领域的业务人员和技术人员分别从业务和技术两个层面出发定义业务要素和服务资源,进而借助资源聚合手段建立二者的关联以形成满足业务需求的工作流。

3.3　业务要素的建立

面向业务语义的工作流描述中所需的业务要素的建立涉及资源聚合和资源封装两种机制,资源聚合根据业务需求的目标完成业务要素的组合并指导业务要素的建立;资源封装在业务要素要求的驱动下实现物理资源的应用级封装。资源封装以资源聚合的原则为实现目标,资源聚合以资源封装的结果为描述基础。

3.3.1　资源聚合

在面向业务语义的工作流描述中,资源聚合是通过工作流模型实现的,它向业务人员提供面向业务语义的工作流组成要素的聚合方式,使得业务人员可以使用自身熟悉的操作方式,在业务层面对工作流及其所涉及的组织机构、活动参与者、异构数据、业务处理工具等构建工作流所需的业务要素进行描述。

资源聚合的目的是组织和管理业务要素及其与服务资源两个层面上的内容并维持二者的关联,从而完成面向业务语义的工作流描述的具体实施。资源聚合作为连接业务与应用两个层面的纽带,期望利用统一的实体及一致的概念来开展业务和构建工作流,使得业务人员对服务资源的操作可以同步地反映到动态变化的物理资源上,从而实现业务领域操作与 IT 领域对应操作的一致性。资源聚合在面向业务语义的工作流描述过程中主要发挥两方面的作用。

1)提供服务资源在业务层面的表示形式,使业务人员可以根据其具有的领域知识自主定义业务需求,并且保证所得到的结果满足面向业务语义的要求。

2)实现业务需求到服务资源动态关联的支持,允许业务目标与跟它所代表的功能相同的服务资源建立关联,从而屏蔽服务资源动态变化对工作流的影响。

3.3.2 资源封装

现有的工作流资源封装工作多集中于在软件层面单纯地从抽象的角度来实现,所能提供的面向业务语义的资源封装的呈现还是相对有限的。资源封装利用特定的技术对现有的物理资源进行业务级的抽象,隐藏其内部的实现细节,为业务人员提供一致的、与技术无关的访问手段。面向业务语义的工作流描述中涉及多种资源的封装,不同资源的封装将会存在很大的差异。

资源封装的目的是降低资源使用的复杂度,为业务人员提供更简单的资源使用方式。资源封装作为连接业务人员与技术人员之间的有效沟通方式,旨在通过一定的抽象、简化及转换等手段为业务人员提供更加简洁、一致的方式来透明地使用网络上动态、分布、开放的物理资源,而不必了解它们的技术细节。资源封装在面向业务语义的工作流描述过程中主要发挥两方面的作用。

1) 屏蔽物理资源的变化,向业务人员提供简洁、一致的资源呈现方式,以及使用方式,使得业务人员可以按照相对简单、稳定的方式使用底层复杂、动态多变的物理资源,从而更好地满足业务需求。

2) 带来资源实现及部署的灵活性,使技术人员可以按照自己的偏好来实现资源封装并自主地决定资源的部署情况,从而便于实现更加动态开放的工作流环境。

3.4 面向业务语义的工作流描述过程

3.4.1 描述中涉及的角色

面向业务语义的工作流描述过程中涉及四类角色:流程建模人员、活动执行者、业务处理工具生成人员,以及数据源管理人员(如图 3 所示)。

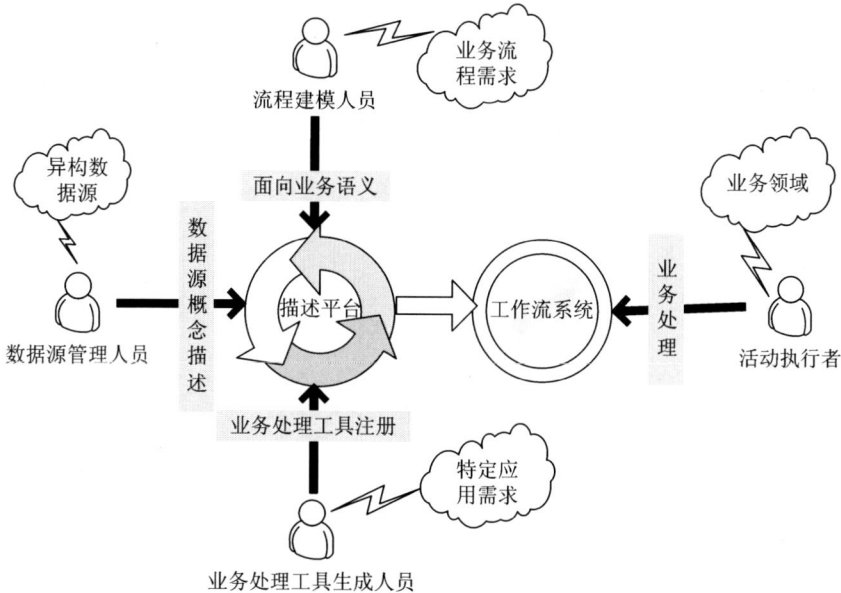

图3 工作流描述过程中涉及的各类角色

（1）流程建模人员。

流程建模人员又称流程设计人员或者流程定义人员，其主要职责是利用已有的资源，通过面向业务语义的方式自主描述业务流程及其活动，以满足业务目标的需求，从而实现工作流的描述。

（2）活动执行者。

活动执行者是业务处理的行为主体，其主要职责是按照给定的运行环境与约束条件实现活动的处理。当活动执行者为组织机构中的人员时，通常称其为业务处理人员。

（3）业务处理工具生成人员。

业务处理工具生成人员是根据业务处理工具的构造方法与构造规则对应用对象进行配置，通过适当的代码修改生成业务处理工具的技术人员。

（4）数据源管理人员。

数据源管理人员是对物理数据源进行维护与管理的人员，其主要职责是根据数据源的物理结构对数据源进行描述，生成数据源概念描述。

流程建模人员和活动执行者熟悉并掌握业务领域知识，熟知业务流程的处理过程，但不一定了解与系统IT实现相关的技术，他们属于业务领域的业务人员，具有以下特性及能力：

1）可以理解并使用顺序、条件，以及变量等基本概念，能够对业务流程进行编排；

2）可以通过文本编辑器并按照一定的步骤进行业务活动的配置、从而产生所需要的结果；

3）对业务领域的概念，特别是一些公共的、通用的概念有充分的认识，并可以熟练使用。

业务处理工具生成人员和数据源管理人员与业务人员恰好相反，他们对 IT 实现的相关技术了解甚多，但对业务领域规范，以及处理流程的了解远不及业务人员，属于 IT 领域的技术人员，具有以下特性及能力：

1）从事软件开发的专业人员，具有一定的行业知识；

2）可以理解面向业务语义的工作流描述技术的相关专业术语。

3.4.2 描述过程

面向业务语义的工作流描述过程从业务与 IT 两个不同层次分别根据业务领域知识和物理资源封装开始的，通过中间聚合方式将从业务与 IT 两个不同层次得到的业务要素和服务资源联系在一起，进而形成面向业务语义的业务要素组合，这个过程大致经历四个步骤（如图 4 所示）。

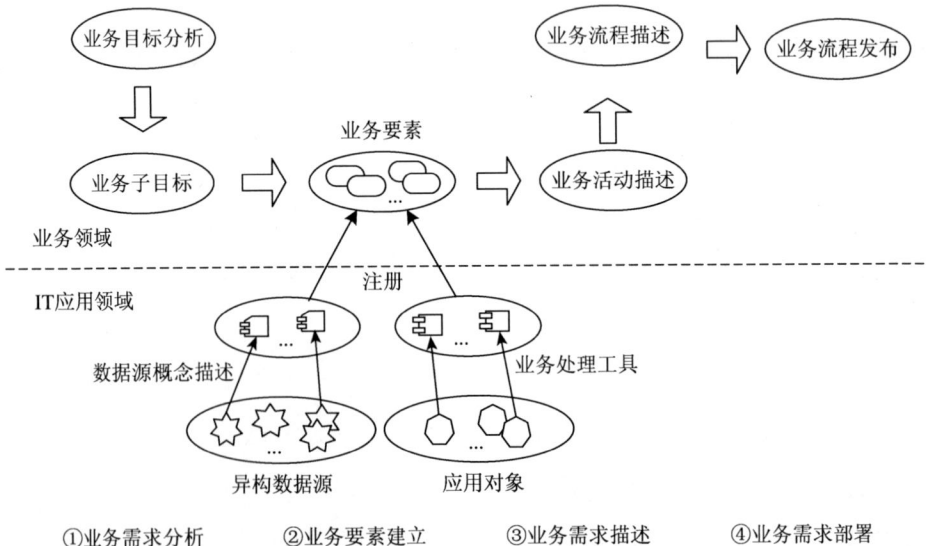

图 4　面向业务语义的工作流描述过程

1)业务需求分析:由流程建模人员对其面对的业务需求进行分析。首先明确所要完成的总体业务目标,在此基础上,根据其领域知识、经验对总体业务目标进行分解,得到可对应到业务活动的业务子目标;其次,确定完成每个业务子目标所涉及的业务要素,从而作为物理资源封装的指导。这个过程中恰当的分解是进行下一步业务需求描述的基础,这种分解很大程度上依赖于流程建模人员对业务的理解和熟悉程度。

2)业务要素的建立:根据业务需求的分析结果进行业务要素的组建,也可以依赖于事先组建好的业务要素,这里面需要建立两种业务要素。

①数据源概念描述。当业务子目标需要对外界数据源进行访问时,如果所要访问的外界数据源实际不存在,那么数据源管理人员需要根据业务目标的实际需求建立物理数据源,并根据数据源的物理结构,以及访问要求对其进行刻画,建立数据源概念描述;如果所要访问的外界数据源实际存在,那么数据源管理人员只需要根据数据源的物理结构及其访问要求建立数据源概念描述即可。

②业务处理工具:业务处理工具生成人员根据业务子目标的具体要求,按照业务处理工具的构造方法,生成满足业务子目标需求、遵循标准接口规范、具有特定应用功能的工具。

业务要素建立完成后,数据源概念描述,以及业务处理工具将被注册到业务领域,为实现业务需求到服务资源的动态关联提供支持。

3)业务需求描述:流程建模人员根据业务流程的分析结果对业务领域内的业务要素进行组合。首先,根据业务子目标的需要,对业务活动进行定义,指定活动所包含的处理步骤、所能访问的数据、处理步骤所使用的业务处理工具及其与数据之间的转换关系、工具对活动执行环境的动态依赖等,从而生成业务活动描述。这里流程建模人员也可以重用已有的业务活动描述。其次,在业务需求的指导下,完成业务活动的组合,将建立起来的业务活动通过流程控制模式进行连接,定义活动之间的控制关系和流转条件,生成业务流程描述。最后,建立业务流程到组织机构的映射,为业务活动指定业务处理人员,以得到完整的工作流描述。

4)业务需求部署:将业务需求描述的结果以业务活动为单位进行分解,生成满足业务子目标要求的逻辑描述,并将其发布到活动所描述的物理节点机上,实现工作流在物理节点上的部署。

至此,面向业务语义的工作流描述过程完成。上述步骤并非所有工作流描述过程中都必须经历的,其中,业务要素的建立、业务活动描述均可以重用已有的资源,但业务流程分析、业务流程集成、业务流程发布通常情况下是工作流描述中都要经历的过程。

业务流程发布以后,如果业务活动的执行者具有对其所在组织的管理权力,那么该负责人可以在其节点机上,使用上述描述方法按照相同的步骤在其组织范围内对业务活动进行扩展。

3.5 面向业务语义的工作流描述方法的特点

面向业务语义的工作流描述体现了一种在既有业务要素满足描述需求的前提下,让业务人员充分参与到描述过程中的工作流生成方式,这种方式可以为一些业务需求多变、突发性强、个性化要求高、强调即时性,以及低代价的应用领域带来好处。其中,业务要素的成功建立是取得上述好处的前提。与传统的工作流描述方式相比,面向业务语义的工作流描述方法具有以下优点:

1)业务驱动。传统的工作流描述首先由技术人员实现描述要素,然后业务人员在技术人员的协助下实现工作流的描述,这个过程中描述的驱动力是技术,技术占据了主导地位;而面向业务语义的工作流描述方法则由业务人员根据业务需求确定业务要素,以业务要素为核心指导资源的建立,并最终服务于业务需求,这个过程中描述的驱动力是业务,业务占据了主导地位。

2)以业务人员为核心。传统的工作流描述中技术人员不仅参与工作流的技术实现,而且参与工作流的描述过程,其主导了描述中的大多数步骤,显然成为核心人员;而面向业务语义的工作流描述方法则以业务人员为核心,业务人员可以根据业务需求自主描述工作流,这种以业务人员为核心的方式带来的最大好处是可以适应快速多变的业务需求。

3)减少跨领域之间的交互。传统的工作流描述方法涉及业务与技术两类人员,业务人员需要与技术人员进行反复的交互才能完成工作流的描述,这种描述方式不仅使得描述过程较为缓慢,而且不一定能够准确的反映业务需求;面向业务语义的工作流描述方法虽然也涉及业务与技术两类人员,但是他们之间不需要进行过多直接的交互,二者只要按照接口规约各司其职,便可以准确地完成工作流的描述,从而避免了领域交互所带来的效率低下,以及理解偏差等问题。

第四章　面向业务语义的工作流描述

如何让业务人员根据业务需求对业务要素进行灵活组装,以生成柔性化的工作流描述是实现面向业务语义工作流描述的首要前提。然而,传统的静态设计方法将工作流建模与执行分离开来,在建模阶段完成工作流的定义描述,在执行阶段完成工作流的解释处理,这种设计要求工作流的执行必须严格按照预先定义的模式进行。而实际应用中的大多数业务流程比较灵活,且带有随意性,在建模阶段,有些因素是可以确定的,有些因素是无法确定的、具有动态性。传统的静态设计方法难以覆盖建模阶段涉及的所有不确定性因素和动态性因素[107],在执行阶段也无法根据实际需求的变化对业务流程作出适当的调整,从而经常出现执行和定义相偏离的现象。上述不确定性因素和动态性因素的存在,给工作流建模带来新的挑战。为了避免工作流执行与定义相脱节,迫切要求当前的工作流建模技术能够在支持不确定性和动态性因素描述的同时,具备对处于执行期间的业务流程进行调整的能力,从而使工作流管理系统具有较好的适应性、灵活性、可扩展性和柔性[40]。

4.1　工作流基本要素

工作流是为了实现企业某个经营目标的一个过程,即在部分或全部组织机构和人员的参与下,利用企业资源按照预先确定的业务规则,在参与者和组织机构之间进行文档、信息和任务的传递,并进行日常任务处理和经营决策,从而实现预定的经营目标。例如,费用报销流程,首先由报销人提出申请,提交部门经理批复。如果部门经理同意,提交到下一环节,此时系统自动判断报销金额,如果报销金额大于 1 万元,系统提交报销申请到总经理。如果报销金额不大于 1 万元,系统直接提交到财务部经理。经财务部经理审核后,提交给财务部会计,会计给报销人支出报销款项,并打印支出凭单。上述流程中的每一个环节均实现一个业务子目标,对应工作流中的一个独立活动,包括"填报销单""部门经理批复""总经理审核""财务部审核""支出款项"等。流程开始后,首先由报销人填写一张报销单,通常是具有特定格式的 HTML 表单,这个需要在流程定义中进行指定。提交后激活"部门经理审批"活动,该活动的处理人员可以指定为具体某个人,也可以指定为某个角色。部门经理批准后,根据报销金额大小决定是否需要总经理参与到审核环节中,其中部门限金额 1 万在流程定义中指定。同理,"总经理审核""财务部审核"和"支出款项"三个活动分别由"总经理""财务部经理"和"会计"来完成,相应的表单在流程定义中指定。其中成功支出款项后,需要更改财务数据源以记录相关数据。

据上述例子知,工作流至少包含以下基本要素:①若干业务目标;②一组活动;③一组参与者;④一些业务规则;⑤一些应用处理工具,如应用程序或者应用系统;⑥一些业务对象,如文档、表单等;⑦一些数据或知识资源,如相关数据源。以上基本要素可以归为两类:与目标实现相关的工作过程和与行为主体相关的参与者。工作过程是独立的、具有状态、动作和属性的可执行体,以数据或资源作为输入和输出,受到一系列规则,如业务规则,以及数据规则等的约束,它描述工作环节之间按照业务规则形成的顺序、并发、竞争等路由逻辑关系。参与者反映了企业机构的组织关系,包含人员、组织、职务、角色、功能、责任、权利等,它刻画了企业的管理逻辑,与工作的指派、责权分配息息相关。参与者与工作过程是相对独立的,只有在工作指派完成后,参与者才与工作流过程建立起联系。

4.2　工作流描述

基本工作流描述包含组织描述和流程描述两个方面,组织是信息决策、任务执行和监督等重要活动的载体,它揭示了企业人员的管理层次,反应了企业中人员与工作、决策、责权之间的联系。流程是为了达到一定目的而根据一组定义的规则将文本、信息和任务集成起来进行处理的过程,它关注工作过程的定义和任务的建模。组织和流程两方面决定了工作过程在参与者之间传递的自动化过程。

流程描述与组织描述通过活动参与者建立联系,活动参与者作为工作流中执行任务的角色,是业务流程定义及其实例执行中的重要元素。由于流程描述和组织描述具有不同的生命周期,为减少二者发生变化时产生相互影响,将二者分开进行描述,从而使流程描述与组织描述之间具有松散耦合关系、保持相对独立,以增强工作流模型的健壮性。

4.2.1 组织描述

组织描述不仅要描述企业的组织结构,而且要为工作流的管理、执行和优化提供支持。WfMC 的参考模型[5]没有资源管理的相关规范,是缺少统一、实用的概念组织的参考模型。而现有的工作流产品商都实现了自己的组织管理体系,这导致组织描述的通用性不强。且已有的工作流系统多使用集中式的组织描述方法[108~111],该方法由流程建模人员或者顶层组织负责人定义该组织的完整结构,包含所有的下级组织。这种方式使得顶层组织负责人对该组织具有权威的管理权和控制权,位于组织机构中间层的负责人由于顶层组织负责人的绝对控制而丧失了对本层组织的管理权,组织中间层内所有的分工均由顶层负责人决定。这种方式不仅增加了企业管理者的负担,而且限制了组织中间层员工的能动性,降低了组织的活力。

随着企业生存环境的变化,企业不得不频繁地进行组织机构的重组以适应市场需求,而现有 WfMS 的组织建模能力又非常有限,这样一来,修改组织描述的代价往往是难以承受的[112]。为此工作流建模过程中需要充分考虑企业组织机构的各种特性,从而建立适应力较强的通用的组织模型。

(1)组织模型。

定义 4.2-1【组织模型】组织模型是从现实组织机构中抽象出来、用于表达企业组织机构中实体间层次和隶属关系的模型。组织模型包含组织、职务、节点机和人员。它描述一个组织的基本属性、所提供的职务或角色、所拥有的节点机、为管理和生产而建立的企业人员,以及它们之间的关系。组织模型 ORG 是一个四元组，$ORG = (org, duty, nodedev, actor)$。其中：

1）组织 org 描述企业内机构的设置情况，机构之间具有层次隶属关系，从组织的根出发，每级组织都可以拥有下级组织；

2）职务 $duty$ 描述一个组织内所提供的职位信息，职务是具有级别的，每个职务对应一台业务处理用机；

3）节点机 $nodedev$ 表示支持人员工作的业务处理用机，通常情况下，一台节点机从属于一个组织，并接受该组织的管理；

4）人员 $actor$ 是业务处理的行为主体，人员之间本身是处于同等地位的，不同的人员可以担任相同或不同的职务。人员相对于组织、职务，以及节点机来说是频繁变动的，当人员发生流动时，只需要修改人员与职务之间的联系即可建立组织模型，人员流动不会对相对稳定的组织结构产生影响。

定义 4.2 – 2【组织】组织 $org = (orgid, orgname, juniororgid, Seniororgids)$，组织之间构成树状层次结构，每层组织具有相同的属性。

1）$orgid$ 为组织的唯一标识；

2）$orgname$ 表示组织机构的名称；

3）$juniororgid$ 表示上级组织，它是唯一的；

4）$Seniororgids$ 表示下级组织集合，一个组织可以携带 0 个或多个下级组织。

树状组织机构表达了企业静态有序的组织关系，使得组织机构在纵向上易于管理。但是，企业部门中除了纵向联系之外，也存在横向联系。由于组织具有较强的自主性，外部很难了解组织内部的具体情况，同时由于每个组织都只直接对其上级负责，使得企业部门之间的横向沟通不足，这大大降低了企业的柔性。为了打破静态树状组织机构中部门之间的界限，建立横向沟通关系，组织模型中引入了工作组的概念。工作组是一个动态的组织集合，它指为完成某项任务而动态组成的组织集合。工作组可以是跨部门的组织，直接面向任务并对客户（任务提出者）负责。工作组具有以下特性。

1）动态性。工作组根据任务目标可以动态组建，解散后，其中的人员仍然是组织模型中的成员，一旦有需要，他们随时可能成为其他工作组中的一员。

2）集成性。集合完成特定任务所必需的人力及物力，实现跨部门集成。

3）时效性。工作组随任务的提出而诞生，随任务的完成而解散。

4）虚拟性。工作组是针对某项任务、在企业内部没有完整执行该任务的固定机构的情况下形成的，因此相对于组织模型中的固定组织来讲，工作组是虚拟的。

5）敏捷性。能够根据任务目标利用已有资源迅速组成团队快速进行响应。

引入工作组的概念后，一个树形的组织可以包含若干个下级组织或工作组，每个下级组织又可以包含下级组织或工作组，每个工作组又可以包含下级工作组，工作组与组织具有相同的属性，这样最终形成一个具有层次性、多态性的组织结构。

在不引起混淆的情况下，各级组织，以及工作组可以统称为组织。如果一个组织直接隶属于另一个组织，则称前者为后者的子组织，后者为前者的父组织；如果一个组织间接隶属于另一个组织，则称前者为后者的子孙组织，后者为前者的祖先组织。父组织与子组织之间，以及祖先组织与子孙组织之间具有一对多的关系。

定义 4.2–3【职务】职务 $duty = (dutyid, dutyname, level, privilege)$，其中：

1）$dutyid$ 为职务标识，唯一标识一个职务；

2）$dutyname$ 表示职务名称；

3）$level$ 表示职务所具有的级别；

4）$privilege$ 表示担任该职务所需具备的基本技能。

定义 4.2–4【节点机】节点机 $nodedev = (nodeip, nodename, desc)$，其中：

1）$nodeip$ 表示节点机 IP 地址，唯一标识一台物理设备；

2）$nodename$ 为节点机名称；

3）$desc$ 是对节点机基本信息的文本性描述，包含节点机的物理位置，设备环境等。

定义 4.2–5【人员】人员是受一系列规则约束，如数据规则、业务规则、管理规则约束的行为主体，人员必须与固定的节点机相关联，以便工作流系统传递其进行业务处理所需要的业务数据。人员描述了作为组织成员的人员姓名、职务、标识，以及所使用的节点机信息。人员 $actor = (actorid, actorname, logname, pwd, capability, experience)$，其中：

1）$actorid$ 为人员在其顶层祖先组织内的唯一标识；

2）$actorname$ 为人员姓名；

3）*logname* 表示人员登录工作流系统时所使用的登录名, *logname* 具有唯一性;

4）*pwd* 为人员登录工作流系统时所使用的密码;

5）*capability* 表示人员所具有的能力;

6）*experience* 表示人员所具有的工作经验。

组织是具有层次隶属关系的,这种层次隶属关系不仅体现了组织内担任不同职务人员之间的上下级关系,而且体现了在组织内担任不同职务的人员的权力范围。位于不同组织内担任不同职务的人员具有不同的权力,而祖先组织的负责人具有对其子孙组织内的人员进行管理的权力。通常情况下组织内的人员均接受其直接上级的领导,对其直接上级负责,这种自主管理的方式使得组织具有较强的自治性和能动性。例如,某学校下设计算机、自动化、英语、管理四个学院,每个学院下设学院院长、学院秘书、专业老师。对于学校校长来说,他在学校内具有至高无上的权力,而各学院院长接受校长的管理同时又具有管理本学院秘书和专业老师的权力。虽然校长具有最高的管理权力,但他一般不会去直接管理各学院内的秘书和专业老师,而由各学院的领导自行管理。

对于具有自治性的层次组织机构来讲,可以采用全局描述方法,由流程建模人员在定义节点完成整个组织机构的描述,也可以根据各级组织的管辖范围采用局部描述方法,由该级组织负责人在其节点机上完成本级组织的描述,以此提高系统的可维护性和可扩展性。在局部描述方法中,各级组织负责人可以只定义其直接下属的子组织或工作组,而其下属子组织的内部结构则由下属子组织的负责人进行进一步定义。这种局部描述方法可以递归进行,且递归深度没有任何限制。它是一种较为固定的组织扩展方法,体现了不同层次组织负责人在整个组织中的权力范围,每一层组织负责人只能管理本层组织,也只对本层组织负责,此时本层组织即是该组织负责人能够管辖的自治域。全局组织描述方法也可以与局部组织描述方法混合在一起,称为混合式描述,即在一个父组织中,组织负责人直接描述部分子组织或工作组内部的详细结构直至每个人员,而将其余子组织或工作组内部的详细结构留给该子组织或工作组的负责人进行描述。混合式描述是一种较为灵活的组织扩展方法,根据组织负责人所描述的组织的层次深度不同,组织负责人可以负责一层或几层组织,此时组织负责人所能描述的所有下属组织便是其管辖的自治域。上述组织描述方法中,所有实现组织描述的负责人都有一个确定的组织描述范围,对应其管辖的自治区域。

当特定区域组织机构产生变化时,会引起该区域对应组织描述的变化。这种变化通常可以归属到一个特定层次组织的内部。这个特定层次可以是一个下级组织,也可以是一个顶层组织,由该区域的组织负责人在其管辖范围内对组织描述进行修改或重新定义,通过添加下级组织,以及组织成员,以支持组织的动态变化,从而使得组织结构具有纵向和横向的可扩展性。

(2)组织模型特点。

组织模型具有以下特性:

1)组织模型只有一个根,即最高层的组织只有一个,它可以拥有0个或多个下级组织,但无上级组织。

2)组织是具有层次关系的,每个组织可以具有0个或多个下级组织,但只有一个上级组织。

3)组织可以提供1个或多个职务,其中有一个职务必须被定义为领导职务,即该职务是组织的领导职位,组织的领导职务之间具有上下级关系,并由其所在的组织的上下级关系确定。担任领导职务的人员称为组织负责人,组织负责人是该组织的最高管理者,具有决策权,一个组织可以有多个管理者,但组织负责人只有一个。

4)组织可以拥有1台或多台节点机。节点机可以分配给人员使用。作为人员的业务处理用机,在实际工作中一台节点机一般只供一名人员使用。但是从功能和结构上看,一台节点机可以支持多名人员的业务处理工作。节点机也可以不分配给任何人员使用,而是作为自动运行的业务处理节点,提供独立的后台服务,此时该节点机扮演人员的角色。

5)组织可以拥有0个或多个人员,人员通过职务与节点机及组织建立关联关系。一个人员在一个组织内可以担任一个或多个职务,反过来,一个职务可以由一个或多个人员来担任,因此组织内人员与职务之间具有多对多的关系。从人员的角度看,人员是不具有级别的,但是从人员所担任的职务,以及职务所从属的组织角度来看,人员是具有级别的,不同级别的人员形成了上下级关系,具有一定的权力义务关系。人员与节点机之间具有多对一的关系。一个人员可以隶属于一个或多个组织,一个组织可以包含多个人员,人员与组织之间具有多对多关系。

6)当组织不拥有任何人员时,该组织不能作为手动(即有人员参与)业务处理的主体,而只能作为自动业务处理的平台,或者作为单纯的层次组织中的节点为其下级组织提供定义域;当组织拥有担任领导职务的人员时,该组织除了可以作为组织中的节点为其下级组织提供定义域之外,还可以作为手动业务处理的主体,此时组织负责人即为代表该组织进行业务处理的人员。

7)每级组织均接受其上级组织的监督和管理,但在该级组织内实行自治管理,组织负责人具有相对的自主权。

8)组织模型具有较强的可扩展性,支持无深度限制的递归描述,组织负责人可以在其管辖范围内对组织进行描述。

4.2.2　流程描述

流程描述采用面向目标的层次建模方法,在不同的抽象层面上对业务流程进行搭建,该方法可分离建模过程中的关注点,例如,流程关注工作流所要实现的整体业务目标,活动关注所要完成的具体业务,步骤关注所要处理的业务细节。关注点的分离便于我们从不同的抽象层次对业务流程进行建模,符合从抽象到具体的认识世界的方式。

(1)流程模型。

定义 4.2 - 6【业务流程】业务流程由一系列具有偏序关系的节点,以及流经节点的数据组成,简称流程。一个业务流程可以定义为一个二元组 $Workflow = (Graph, WfData)$,其中:

1)$Graph$ 是一个有向图[113],可以用二元组 $(Act, Rules)$ 进行表示,$Act = \{act_1, act_2, \ldots act_n\}$ 为顶点集合,且 $Act \neq \phi$;$Rules = \{rule_1, rule_2, \ldots rule_{n-1}\}$ 为连接弧(或称边)集合,$rule_i = < act_j, act_k >$ 表示从 act_i 到 act_j 的连接弧,$act_i, act_j \in Act$;

2)$WfData$ 表示流程数据集合,该集合中的数据沿着连接弧在有向图的顶点之间流动形成了流程数据总线。

$Graph$ 中的顶点表示活动,连接弧表示控制流的结构关系,称为流程控制模式,从而业务流程可以定义为:由一系列活动组成的有序集合,它包含了若干个活动,以及活动之间的控制模式。其中,活动是业务流程的组成单元。$Graph$ 中所有的起始活动组成了业务流程的开始活动集,记为 Act_S ,$Graph$ 中所有的终止节点组成了业务流程的结束活动集,记为 Act_E ,有:

1) $Act_S = \{act_i \in Act \mid \neg (\exists act_j \in Act \wedge act_j \neq act_i)(< act_j, act_i > \in Rules)\}$;

2) $Act_E = \{act_k \in Act \mid \neg (\exists act_p \in Act \wedge act_p \neq act_k)(< act_p, act_k > \in Rules)\}$ 。

当 $Graph$ 为平凡图时,$Workflow$ 所定义的业务流程只包含一个活动 act_x ,此时 act_x 既是开始活动又是结束活动,$act_x \in Act_S \wedge Act_E$;当 $Graph$ 为非平凡图时,所定义的业务流程至少包含两个活动,活动之间具有前驱后继关系。

定义 4.2-7【前驱活动】从业务流程的每个开始活动出发沿着连接弧到达活动 act 过程中经历的所有活动称为活动 act 的前驱活动,记为 act^{Pre} 。图 5 中,活动 act_{10} 的前驱活动 $act_{10}^{Pre} = \{act_1, act_2, act_3, act_4, act_5, act_6, act_7, act_8, act_9\}$,活动 act_1 无前驱活动。

定义 4.2-8【直接前驱】活动 act 的前驱活动 act^{Pre} 中与 act 直接相连,且处于连接弧起点的活动,称为活动 act 的直接前驱,用 act^{D_Pre} 表示,$act^{D\_Pre} = \{act_p \mid < act_p, act > \in Rules\}$ 。由定义可知,对于 $\forall act \in Act_S$, $act^{D\_Pre} = \phi$ 。图 5 中,活动 act_{10} 的直接前驱 $act_{10}^{D\_Pre} = \{act_3, act_5, act_9\}$,活动 act_1 无直接前驱。

定义 4.2-9【后继活动】从活动 act 出发沿着连接弧到达每个结束活动过程中经历的所有活动称为活动 act 的后继活动,记为 act^{Suc} 。图 5 中,活动 act_2 的后继活动 $act_2^{Suc} = \{act_3, act_4, act_5, act_6, act_7, act_8, act_9, act_{10}, act_{11}\}$,活动 act_{11} 无后继活动。

定义 4.2-10【直接后继】活动 act 的后继活动 act^{Suc} 中与 act 直接相连,且处于连接弧终点的活动,称为活动 act 的直接后继,用 act^{D_Suc} 表示,$act^{D\_Suc} = \{act_q \mid < act, act_q > \in Rules\}$ 。由定义可知,对于 $\forall act \in Act_E$, $act^{D\_Suc} = \phi$ 。图 5 中,活动 act_2 的直接后继 $act_2^{D\_Suc} = \{act_3, act_4, act_6\}$,活动 act_{11} 无直接后继。

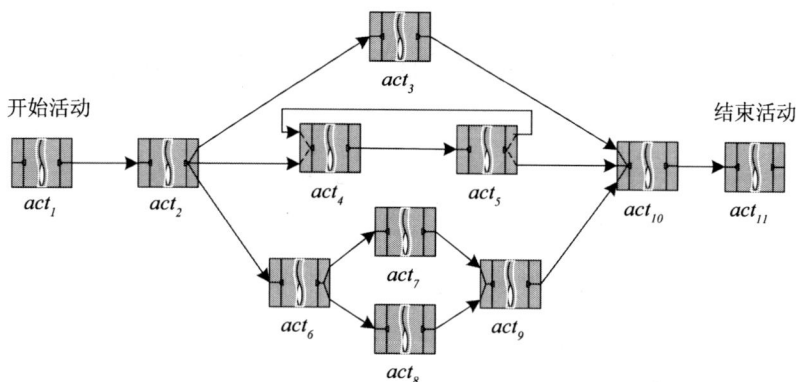

图5　一个业务流程定义示意图

定义 4.2 – 11【流程数据】流程数据定义了业务流程中流经各节点的数据字段的总和 $WfData = \{wfdata_i \mid 1 \le i \le p\}$，流程数据在节点之间的流动和传递形成了流程数据总线。$wfdata$ 可以用一个四元组表示：$wfdata = (name, type, initval, auth)$，其中：

1）$name$ 表示流程数据字段名称，是工作流系统操纵或生成的数据字段的一个逻辑指代，数据字段可以取不同的值；

2）$type$ 表示流程数据类型，$type \in DataType$，这里 $DataType$ 为业务流程所支持的数据类型集合，它是一个受限制的"类"的表达式，代表了数据字段的一个聚集，一个流程数据类型是具有相同特性的数据字段组成的集合的名称，$DataType = \{string, document\}$，其中 $string$ 表示字符串类型，$document$ 表示文档类型；

3）$initval$ 表示流程数据字段的初值，初值可以为空，也可以不为空；

4）$auth$ 表示流程数据字段的访问权限，$auth \in DataAuth$，这里 $DataAuth$ 表示流程数据字段访问权限的集合，$DataAuth = \{X, R, W, A\}$，其中 X 表示无访问权限，R 表示只读权限，W 表示只写权限，A 表示读写权限。访问权限是具有级别的，$DataAuth$ 中访问权限级别由低至高依次为：X, R, W, A。

（2）控制模式。

Aalst 等人率先对工作流领域的模式进行研究，通过对当时多种主流的 WfMS 所能支持的控制流结构进行研究、对比和分析，归纳整理出 7 大类 43 种典型的控制流结构,并将其上升到模式的高度加以抽象和描述,形成了"业务流程控制模式"理论[14, 114~117]。按照 Alast 等人的初衷,研究业务流程控制模式的目的是希望提供一种有效的手段来客观地评估各种工作流建模方法在控制流方面的表达能力[118~121],能够为构建强大的工作流系统提供有益的指导。但是从实际效果来看,只有很少的几种建模方法有意识地运用了工作流控制模式作为设计准则,如 YAWL[122] 和 YetAnother EPC[123]。更进一步地说,上述业务流程控制模式多是列举了实际应用中的各种控制流结构,缺乏对控制结构本质的统一分析,这样使得所形成的流程控制模式既没有在经验的广度上归纳出更多的模式,也没有在本质的深度上抽象出更基本的模式,很难将其在工作流建模过程中作为控制模式设计的依据。

目前对业务流程控制模式的研究[44, 124, 125]均是在 Aalst 等人研究成果的基础上进行扩展的,多从流程拓扑形态的角度来考察业务流程控制模式,并总结出任何一个业务流程都由顺序(Sequence)、合并(Join)、分支(Split)、循环(Loop)四种基本结构组成。实际上,业务流程的控制模式是对有直接前驱后继关系的两个活动之间关系的说明,它体现了活动之间的强序和弱序关系,即活动的先后执行顺序。可以说,控制模式对活动之间的依赖关系提供关键性的指导,一个活动是否可以执行要由其直接前驱活动的执行状态来决定,这样一来,活动之间的控制模式实际上影响的是一个活动对来自其直接前驱活动的处理,以及在当前活动结束后、向其直接后继流转前的处理,从而控制模式应该直接体现邻接活动之间的依赖关系,而不是体现业务流程的拓扑结构,因此,从活动与其直接前驱或直接后继之间依赖关系的角度来进行考察更为合理。本节在现有的以直观为特征的、经验式的流程模式集合的基础上,进一步抽象出符合实际应用、统一的业务流程控制模式,为构建流程模型提供简单可重用的控制结构元素。

从活动之间依赖关系的角度来看,一个活动与其直接前驱后继之间的关系包含三种:顺序、合并和分支。其中,与其直接前驱之间只有顺序和合并关系,与其直接后继之间只有顺序和分支关系。

定义 4.2 – 12【顺序】顺序模式是业务流程控制模式中最简单也最常见的控制模式,它代表了活动之间严格的无条件先后执行次序(如图 6 所示),顺序模式意味着一个活动其唯一直接前驱活动的到来将立即激活该活动,或者一个活动的结束将立即激活其唯一的直接后继。

图 6　顺序模式

对于有序集合 $Act = \{act_1, act_2, \ldots act_n\}, n > 1$，如果活动之间具有顺序模式，那么有：

1) $\forall act_i \in Act$，$act_i^{Pre} = \{act_j \mid j < i \wedge i > 1\}$，$act_i^{D\_Pre} = \{act_{i-1} \mid i > 1\}$；

2) $\forall act_i \in Act$，$act_i^{Suc} = \{act_j \mid j > i \wedge i < n\}$，$act_i^{D\_Suc} = \{act_{i+1} \mid i < j\}$。

有序集合 Act 中，除了活动 act_1，任何一个活动均有唯一的直接后继；除了活动 act_n，任何一个活动均有唯一的直接前驱。

定义 4.2 – 13【合并】合并模式表示一个活动对其直接前驱的等待关系，或者说一个活动的直接前驱对该活动状态的影响。合并模式可以分为与合并（AND – Join）、异或合并（XOR – Join）和或合并（OR – Join）三种。

当一个活动包含 $N(N > 1)$ 个直接前驱时，如果 N 个直接前驱都到达，当前活动才会被激活，那么称该活动与其直接前驱之间的关系为与合并（如图 7(a) 所示）；如果 N 个直接前驱中只有一个到达，当前活动便会被激活，称该活动与其直接前驱之间的关系为异或合并（如图 7(b) 所示）；如果 N 个直接前驱中有 $M(1 < M < N)$ 个到达，当前活动才能被激活，那么称该活动与其直接前驱之间的关系为或合并（如图 7(c) 所示）。

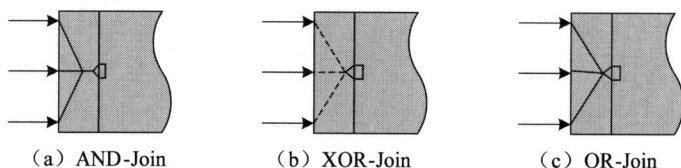

（a）AND-Join　　　（b）XOR-Join　　　（c）OR-Join

图 7　合并模式

与合并意味着 N 个直接前驱均是能够到达的，且在所有直接前驱到达之前，当前活动处于等待状态;异或合并意味着 N 个直接前驱中只有一个是能够到达的,且该直接前驱到达后当前活动立即被激活;或合并意味着 N 个直接前驱中有 M 个能够到达,且在第 M 个直接前驱到达前,当前活动处于等待状态,一旦第 M 个直接前驱到达,当前活动立即被激活。

定义 4.2-14【分支】分支模式表示一个活动对其直接后继的选择关系,或者说一个活动对其直接后继活动状态的影响。分支模式可以分为与分支(AND-Split)、异或分支(XOR-Split)、或分支(OR-Split)三种。

当一个活动包含 $N(N>1)$ 个直接后继时,如果当前活动结束后, N 个直接后继都是可达的,那么称该活动与其直接后继之间的关系为与分支(如图 8(a) 所示);如果当前活动结束后, N 个直接后继中只有一个是可达的,称该活动与其直接后继之间的关系为异或分支(如图 8(b) 所示);如果当前活动结束后, N 个直接后继中有 $M(1<M<N)$ 个是可达的,那么称该活动与其直接后继之间的关系为或分支(如图 8(c) 所示)。

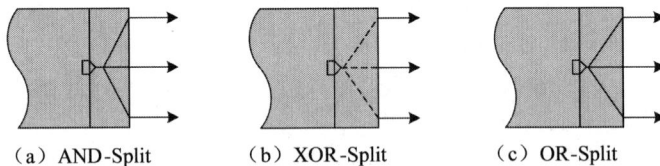

(a) AND-Split   (b) XOR-Split   (c) OR-Split

图 8 分支模式

如果一个活动与其 N 个直接后继之间具有与分支关系,那么在该活动结束后,任务立即被分发给其 N 个直接后继;如果一个活动与其 N 个直接后继之间具有异或分支关系,那么在该活动结束后,任务被立即分发给能够到达的那个直接后继;如果一个活动与其 N 个直接后继之间具有或分支关系,那么在该活动结束后,任务被立即分发给可达的 M 个直接后继。

从活动间邻接关系的角度来考察业务流程的控制模式,任何一个复杂的流程模型中活动之间的关系均是由上述三种简单的流程控制模式衍生而来的。以上图 5 所示的业务流程为例,从拓扑形态上看, act_2 之后有三个分支, act_3 形成独立的分支; act_4 与 act_5 组成一个分支,且包含一个环; act_6 、 act_7 、 act_8 、 act_9 形成一个分支。从活动之间的邻接关系上看，act_2 与其直接后继 act_3、act_4、act_6 之间为或分支关系，act_5 与其直接后继 act_4、act_{10} 之间为异或分支关系；act_4 与其直接前驱 act_2、act_5 之间为异或合并关系，act_6 与其直接后继 act_7、act_8 之间为与分支关系；act_9 与其直接前驱 act_7、act_8 之间为与合并关系；act_{10} 与其直接前驱 act_3、act_5、act_9 之间为或合并关系。

（3）活动。

活动是组成业务流程的基本单元，也是描述流程运转的最小单元。活动是对基本业务功能的建模，它作为业务要素组合的抽象，用来规范并约束业务要素的提供。

定义 4.2 - 15【活动】活动可用一个五元组表示：$act = (aid, aname, AC^P, AM, AC^S)$，如图 9 所示。其中：

1）aid 为活动标识，在一个流程中是唯一的；

2）$aname$ 表示活动名称；

3）AC^P 表示活动的前置条件，前置条件规定了在满足什么样的条件或规则进行哪些准备工作后可以触发主体入口，使活动进入就绪状态，详见定义 4.2 - 16；

4）AM 表示活动的主体，活动主体定义了业务处理人员以怎样的接入方式来处理活动，以及活动处理过程中通过访问哪些数据或资源来完成什么样的功能，详见定义 4.2 - 18；

5）AC^S 表示活动的后置条件，后置条件规定了在主体出口被激活后，根据哪些条件和规则进行怎样的处理后可以向直接后继进行业务流转，详见定义 4.2 - 17。

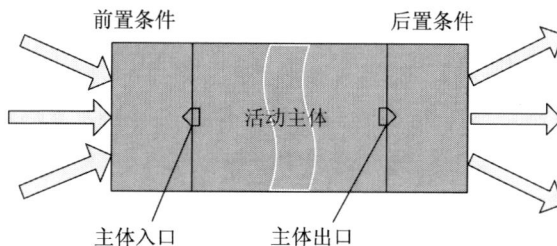

图 9　活动结构示意图

定义 $4.2 - 16$【前置条件】前置条件表示了活动的启动条件或规则。$AC^P = (cf, CP)$，其中 cf 表示活动 act 与其直接前驱之间的控制模式；CP 表示活动 act 与其每个直接前驱间的映射关系集，$CP = \{< c_i^{Pre}, DR_i^{Pre} >\mid \quad 0 < i \leqslant \mid act^{D\_Pre} \mid\}$，$c_i^{Pre}$ 表示第 i 个直接前驱与活动 act 之间的映射条件，DR_i^{Pre} 表示从活动 act 的第 i 个直接前驱中抽取的供给 act 的流程数据字段集，从而确定活动 act 的流程数据字段的来源。

当 cf 取 SEQ – Join 或者 XOR – Join 时，DR_i^{Pre} 可以不指定，默认表示抽取直接前驱的全部流程数据字段值作为活动 act 中流程数据字段的当前值；当 cf 取 AND-Join 或者 OR – Join 时，DR_i^{Pre} 必须指定，否则活动 act 中流程数据字段取值的来源是不确定的，与直接前驱的到达顺序有关。

对 DR_i^{Pre} 进行指定时，提供以下几种抽取策略：

1）先来先抽取策略。从最先到达的直接前驱中获取指定的流程数据字段值作为活动 act 中相应流程数据字段的值，后续到达的直接前驱中该流程数据字段的取值对活动 act 中该数据字段值不产生任何影响。

2）顺序抽取策略。依次使用先后到达的直接前驱的中指定的流程数据字段值替换活动 act 中该流程数据字段的值，从而活动 act 中该流程数据字段的值为最后到达的直接前驱中相应的流程数据字段值。

3）约束抽取策略。选取满足用户自定义约束条件的直接前驱中的流程数据字段值作为活动 act 中该流程数据字段的值。

定义 $4.2 - 17$【后置条件】后置条件表示了后续活动的分发条件及规则。$AC^S = (cf, CS)$，其中 cf 表示活动 act 与其直接后继之间的控制模式；CS 表示活动 act 与其每个直接后继间的映射关系集。$CS = \{< c_i^{Suc}, DR_i^{Suc} >\mid \quad 0 < i \leqslant \mid act^{D\_Suc} \mid\}$，$c_i^{Suc}$ 表示活动 act 与第 i 个直接后继之间的映射条件，DR_i^{Suc} 表示从活动 act 中抽取的流向第 i 个直接后继之间的流程数据字段集，从而确定经过活动 act 后流程数据字段值的流向。DR_i^{Suc} 可以不予指定，当 DR_i^{Suc} 没有指定时，默认抽取活动 act 的全部流程数据字段值流向其直接后继。

定义 $4.2 - 18$【活动主体】活动主体是对活动所完成的逻辑功能的描述，包括活动的参与者、接入方式、数据权限，以及处理步骤的定义。$AM = \{actor, access,$

endcond,*DA*,*WdExtMap*,*Step*}。

1) *actor* 表示活动的参与者[126]，活动参与者指明了具备活动处理权限的人员范围。活动参与者从组织机构中选取，可以是组织机构中具有某种(些)角色、使用某台节点机进行业务处理的行为主体；活动参与者也可以是组织机构中的独立节点机自动进行业务处理，可限定业务处理时所使用的处理工具为自动执行程序。活动参与者将业务流程描述与组织机构描述连接起来，从而在组织模型与流程模型之间建立起映射关系。

2) *access* 表示活动参与者进行业务处理时的访问方式或者接入方式，接入方式分本地接入、远程接入和服务接入三种。本地接入指活动执行者从活动节点本机接入，使用基于节点机本地的业务处理环境，直接在活动节点所在的主机上进行业务处理活动；远程接入指活动执行者通过 Web 远程接入，使用基于 Web 页面的业务处理环境，通过网络连接到该执行者的活动节点上进行业务处理活动；服务接入指运行平台的服务对象通过 Web 远程接入活动节点，使用与业务流程相关的 Web 页面，通过特定的节点连接到该业务流程中指定的活动节点，进行业务数据的查询和输入等相关活动。

从使用主体的角度讲，本地接入和远程接入面向的是活动节点的值守人员，该类用户具有唯一的排它性的交互式活动节点与其对应；而服务接入面向的是非特定的业务服务对象，它们是业务流程所服务的客户，可以是多个事先确定或不确定的被服务对象，其身份被看作是业务数据的一种属性，而不是流程中业务处理的执行者角色，该类用户无单一的排它性的交互式活动节点与其对应。

从接入用户的角度讲，本地接入和远程接入用户在业务流程处理中具有指定的角色、职能和权限，服务接入用户只是业务处理过程中数据提供机制的组成部分，在业务流程逻辑中没有直接的对应实体和相应的描述。

从业务处理逻辑的角度讲，本地接入和远程接入的接入点是需要特定执行者角色进行干预的交互式活动节点；而服务接入的接入点是需要通过特定节点获取业务数据和被服务对象属性的自动活动节点，接入者的不同身份有可能会影响业务数据中特定的数据字段的取值，但是不会改变该接入节点在业务逻辑中的功能和属性。

从业务数据处理的角度讲,远程接入和本地接入是一样的,活动执行者都是作为业务流程中的角色,通过业务处理工具对业务数据进行操作。所不同的只是本地接入用户所使用的是本地业务处理工具,远程接入用户所使用的是基于 Web 页面的业务处理工具。而服务接入则不同。服务接入实际上是在业务处理的某个操作步骤通过服务接入系统获取和显示数据的一种方式,其所面向的非特定服务对象在业务流程处理中不具备活动执行者的角色。

从接入处理的角度讲,本地接入用户直接在活动节点所在的主机上进行操作,而远程接入与服务接入用户对业务数据的操作都是通过 Web 页面进行的,必须通过与所接入活动节点配置在相同物理节点上的 Web 服务器进行连接。

远程接入方式将在第七章进行详细描述。

3)$endcond$ 表示活动的结束条件。当满足结束条件时,意味着活动主体处理完成,可以向直接后继进行分发与流转。

4)$DA = \{ < wfdata, auth > \mid wfdata \in WfData, auth \in DataAuth \}$,表示活动 act 对流程数据字段的访问权限的集合。

5)$WdExtMap$ 表示活动主体对外部数据的访问规则,即活动数据外部依赖关系,详见第四章面向业务语义的统一数据管理。

6)$Step$ 表示活动处理步骤的集合,$step \in Step$ 表示活动的一个处理步骤。一个活动至少包含一个处理步骤,活动中各处理步骤之间具有固定的顺序执行关系。

前置条件通过主体入口与活动主体相连,当前置条件不满足时,活动处于等待状态,主体入口没有被激活;当前置条件满足时,主体入口被激活,活动主体处于就绪状态,等待处理;当就绪状态的活动主体被调度执行时,活动主体处于运行状态;活动主体执行过程中,可以被暂停进入挂起状态;被挂起的活动主体又可以重新进入就绪队列等待执行,当挂起的活动主体再次被执行时,将恢复到上次退出时的执行现场接着执行;活动主体执行期间可以放弃没有处理完的业务不再执行,进入就绪队列等待重新处理;活动主体处理完成后进入提交状态,当提交的活动主体满足结束条件时,主体出口被激活,向直接后继进行业务的分发与流转;当提交的活动主体不满足结束条件时,活动主体处理失败重新进入就绪队列等待重新处理;当活动主体提交后出现异常时,活动的执行被终止,进入异常状态。

定义 4.2 - 19【步骤】步骤是组成活动的基本部分,是工作流调度的最小单元。

$step = \{sid, tool, InMap, OutMap, CdExtMap\}$,其中:

1) sid 为步骤标识,唯一标识给定活动中的一个处理步骤;

2) $tool$ 表示每个步骤所使用的业务处理工具,业务处理工具是具有完整业务功能的软件实体,对外提供标准的接口,遵循接口规范;

3) $InMap$、$OutMap$、$CdExtMap$ 分别表示步骤数据到业务处理工具数据间的数据依赖关系集、业务处理工具数据到步骤数据间的数据依赖关系集、业务处理工具数据对外部数据依赖关系集,详见第四章面向业务语义的统一数据管理。

(4)流程模型的特点。

1)面向业务语义。工作流模型定义中并不涉及具体的计算技术细节,业务人员只需从业务层面使用其能够理解的业务要素描述出表示其需求的业务流程即可。

2)以业务活动为中心。业务活动为业务要素间的组合提供了松散的耦合关系,业务人员可以简单地使用业务活动,并通过业务要素间的组合完成对物理资源的调用,该方式为业务要素的动态绑定提供了支持。

3)个性化支持。业务活动提供了对上下文相关、运行时交互等个性化需求的支持,从而允许业务人员定义出符合自己个性化需求的工作流。

4.2.3　组织描述与流程描述的映射

组织描述与流程描述是通过活动参与者建立映射关系的,如何为活动指定合适的参与者是工作流模型需要解决的问题之一。活动参与者不仅仅指人员,还可以包括部门、角色和资源等组织模型中的实体,在不引起混淆的情况下,本文使用人员表示作为行为主体的组织模型中的实体要素。活动参与者指明了组织模型中哪个(些)成员有权对流程模型中给定的活动进行处理,活动参与者的确定表示建立了拥有活动执行权力的候选人员的集合。活动参与者可以为一个人员,也可以为多个人员,当组织模型中满足活动参与者分配要求的人员不唯一时,采用什么样的方法从满足要求的候选人中选取适合的一个或一组人员作为活动执行者实际执行活动处理,即活动参与者的分配策略,是建立组织模型与流程模型之间联系时需要明确的。

WfMC 标准接口 1[127] 中仅建议当有多个参与者被指派给特定的活动时可以做什么,但是并没有说明如何从给定的活动参与者中选择最终实际可以进行活动处理的执行者,而这些恰恰是组织模型与工作流模型映射关系中至关重要的部分,而且这种关系不应该是生硬和僵化的,应该具有较强的灵活性和适应性。

zur Muehle[110] 提出以资源为中心的组织元模型;Cao[111] 提出一种基于策略、支持流程动态变化的参与者授权模型;Momotko[128] 提出一种适应动态修改工作流参与者分配的方法;Huang[129] 提出基于规则的执行者定义;Aalst[130] 提出团队参与者工作流模型;张晓光[131]、唐达[132] 分别提出面向角色与团队的混合任务分配方法,以及基于 Petri 网的参与者建模方法来解决参与者使能问题;Liang 等[133] 采用模糊理论根据候选人的能力是否匹配来解决人力资源评估的不确定性问题;Yaakob 等[134] 在 Liang 的基础上考虑了任务需要由团队完成时会受候选人私人间关系好坏的影响;Shen 等人[135] 提出一种多目标下的任务分配方法;肖郑进[136] 提出一个可组合的任务分配多级模型;Russell 等[137] 总结出 11 种可能的任务分配策略。上述研究从不同侧面对活动参与者的指派提出了可行的解决方案,但是均没有系统完整的考虑参与者分配过程中所有可能的影响因素及相应的处理办法,从而无法应用到实际的工作流模型中。本节对活动参与者分配过程中所有可能的影响因素进行综合衡量,分别从指派方式、参与模式、选取规则,以及竞争策略四个方面对参与者进行约束,以"把任务分配给合适的人来完成"为宗旨,实现资源的合理分配。

(1)活动参与者的分配策略。

活动参与者的分配本质上是对组织成员进行多次授权的过程,每次授权均从不同侧面对组织成员进行约简,逐步缩小候选人员的范围,直至确立活动执行者。在实际工作流环境中,活动执行者的确立受多方面因素影响,也存在多种分配方式。本文对这些复杂的分配方式进行梳理和剖析,标识出四类关键因素。正是这四类关键因素的组合与相互作用,产生了活动执行者分配的复杂性(如图 10 所示)。

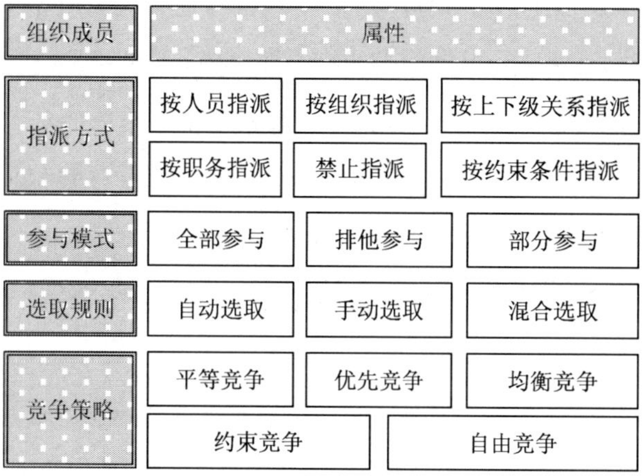

组织成员	属性		
指派方式	按人员指派	按组织指派	按上下级关系指派
	按职务指派	禁止指派	按约束条件指派
参与模式	全部参与	排他参与	部分参与
选取规则	自动选取	手动选取	混合选取
竞争策略	平等竞争	优先竞争	均衡竞争
	约束竞争		自由竞争

图10　活动参与者的分配策略

1）活动参与者的指派方式。当参与者具有多人且为一个满足特定规则的集合时，采用依次指定上述规则集中的每个成员的方法，会降低描述的效率，增加建模的复杂性。为了提高建模的效率，降低参与者指派的复杂性，需要建立活动参与者批量指派的方式，方便确定活动参与者的范围。

2）活动参与者的参与模式。通常情况下并不要求所有活动参与者均对活动进行处理，而是从参与者的候选集合中选取部分人员进行活动处理，因此首先需要指明给定的候选集合中有多少人员最终能够实际参与活动处理，即确定实际参与活动执行的执行者数目。

3）活动参与者的选取规则。当候选的活动参与者集合中的人员数目大于实际可以执行活动的人员数目时，需要明确最终实际执行活动的那个（些）人员是如何选取出来的，是根据一定的规则自动从候选名单中选择，还是由业务处理人员手工处理。

4）活动参与者的竞争策略。当活动参与者数目大于活动执行者数目且需要从候选集合中根据一定规则自动选取人员时，需要指明自动选取的方式和依据，即活动参与者之间依据什么规则通过竞争后，才能获得活动的实际执行权。

指派方式。从组织模型的角度看,活动参与者是从组织模型中选取的、担任组织机构中某种(些)职务、使用某台节点机进行业务处理的人员,他表示了参与活动处理的人员需要具备的能力和权限;从流程模型的角度看,活动参与者是业务处理的行为主体,他表示了执行给定活动所要具有的能力和权限,只有组织模型中的人员被指派为活动参与者时,他(她)才拥有对活动进行处理的权限,活动参与者的指派方式确立了拥有活动处理权利的组织机构中的人员范围。根据活动参与者指派范围的不同,指派方式分为以下几种:

1)按人员指派。从组织模型的成员中选定一个或者多个人员作为活动参与者,按人员指派是最简单最基本的指派方式,也是工作流系统中最常用的方式。

2)按职务指派。选定一个或者多个职务作为活动参与者,人员通过职务从属于某个组织,因此指派职务作为活动参与者意味着在选定的组织内担任该职务的所有人员被指定为有权进行处理的活动参与者。如指派行政秘书作为活动参与者,实际上指明了各组织内担任行政秘书职务的人员作为业务处理人员。

3)按组织指派。当一个活动交由一个组织完成时,组织内成员的动态性和不确定性,以及活动处理规则的多态性,使得组织内活动的处理规则,以及活动参与者的指派规则难以确定,如果在建模阶段过于精确地进行定义容易造成僵化的结果,导致流程的执行和定义相偏离。为此,我们可以为这样的活动指定一个组织作为活动参与者,允许其在活动执行时再来确定活动的执行者。

当组织被指派为活动参与者时,说明活动要由指定的组织来处理,这是一种支持团队参与者的工作流模型,此时默认将组织内担任领导职务的人员作为业务处理人员,将活动配置发布到该组织负责人的节点机上,由其决定活动在其管辖的组织内的人员分工,以及处理规则。组织负责人可以亲自对活动进行处理,也可以在组织内对活动进行扩展(见4.3节)生成子流程,分配给其下属人员进行处理。如选定企业的生产部门作为活动参与者,这实际上指明了活动由生产部门进行处理,由生产部门内担任领导职务的人员决定活动的处理方式。

4)按上级或下级关系指派。人员通过职务从属于某个组织后,原本无上下级关系的人员之间通过组织机构形成了具有上下级关系的团队,从而可以指派某个人员的上级或者下级作为活动参与者。如在中期抽审流程中,指定王老师的学生(下级)作为中期审查活动的对象,指定张同学的导师(上级)对抽审的抽审学生的中期审查报告进行初步评定。

5)禁止指派。禁止指派约定了组织中的部分成员不能作为活动参与者参与特定活动的处理,该规则通常为了实现职责分离,将部分人员限制在特定的权限分配之外,往往与其他规则同时使用,如指派具有导师资格、且非张同学导师的所有老师参与张同学论文的审查工作。

6)按约束条件指派。综合考虑到工作流模型中活动参与者的实际需求,允许用户自由组合上述规则、自行定义某个(些)组织内的担任某个(些)职务的某个(些)人员作为活动参与者,以此方便流程建模人员对活动参与者的分配。如指派生产部门中担任生产小组组长、具有高级工程师职称的人员作为活动参与者。

上述指派方式本质上是确定有权参与活动处理的组织结构中的人员范围,无论是哪种指派方式,其目的是按一定方式批量指定活动参与者,从而简化流程建模人员描述的复杂性。

参与模式。当指派的满足活动执行条件的参与者不唯一时,需要明确在被指派的多个活动参与者中有多少人员最终能够获得活动处理的执行权。根据参与活动处理的人员数目的不同,参与者的参与模式分为三种:

1)全部参与。指派的多个活动参与者将全部获得活动执行权并最终执行活动的处理,这说明一个活动同时交由多个人员同时进行处理。

2)排他参与。指派的多个活动参与者中只有一人最终可以获得活动执行权并执行活动的处理,其他人员将不需要对活动进行处理。

3)部分参与。指派的多个活动执行者中并非全部,但至少有两个或两个以上的人员最终可以获得活动执行权并执行活动的处理,具体可以获得执行权的执行者数目还需要在建模阶段进行指定。

当参与模式为全部参与或者排他参与时,单纯的设定参与模式是远远不够的。

因为同一个活动由多个人员处理后,将产生多个实例,这些实例都将流向该活动的直接后继,那么在其直接后继处将产生一个直接前驱分支的多次流入,这样势必会对活动的处理产生无法预期的影响。因此当活动的一个直接前驱分支有多个活动执行者时,必须指定该活动对这个分支产生的多个流入实例的合并规则。如图 11 所示的文档审阅流程包含四个活动,文档提交活动 act_1 的执行者为人员 p_1,文档初审活动 act_2 的执行者为人员 p_2,文档初审活动 act_3 的参与者为人员 p_3、p_4、p_5,且参与者的参与模式为排他参与,活动终审 act_4 的执行者为人员 p_6,其中活动 act_1 与其直接后继 act_2 和 act_3 之间为 AND-Split 关系,活动 act_4 与其直接前驱 act_2 和 act_3 之间为 AND-Join 关系。由于活动 act_3 最终的执行者由两个,因此将产生两个实例,此时对于活动 act_4 来说,其直接前驱 act_3 产生的两个实例都将流向本节点,从而在 act_4 处必须定义一定的规则,根据该规则对其直接前驱 act_3 所产生的两个实例进行合并。

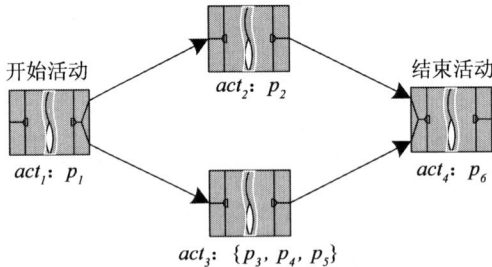

图 11　文档审阅流程

　　选取规则。当活动参与者的参与模式为排他参与或者部分参与时,说明活动参与者的候选数目 N 多于实际应该参与活动执行的执行者数目 $M(1 \leqslant M < N)$。为了能够确定最终可以获得活动执行权的 M 个人员,需要指定从给定 N 个活动参与者中选择 M 个人员的挑选方式。根据挑选方式的不同,活动参与者选取规则可以分为以下三种。

1）自动选取。根据建模阶段所描述的规则，从候选的 N 个活动参与者中自动 M 个人员作为能够获得活动执行权的执行者，自动选取不受外界任何条件的干扰，严格依据预先定义的竞争策略（见 4.2.3.1 节中的第 4 点）。

2）手动选取。不需要指定任何竞争策略，执行阶段由给定活动的直接前驱在进行任务后传时，从给定的 N 个活动参与者列表中手动选取给定活动的执行者。手动选取方式具有不确定性和随意性，例如，在图 11 所示的文档审阅流程中，如果设定活动 act_3 的参与者为手动选取，那么活动 act_3 的执行者将由其直接前驱 act_1 的执行者在进行后传时指定，此时活动 act_1 的执行者可以从 act_3 的候选参与者名单中选择与自己关系较好的人员作为文档初审人员，这样存在徇私舞弊的嫌疑，因此有些情况下不建议使用该方式。

3）半自动选取。半自动选取方式结合了自动选取和手动选取的特点，执行阶段首先根据预先定义的竞争策略从候选的 N 个活动参与者中自动筛选出 $K(K > M)$ 个人员，再由给定活动的直接前驱的执行者在进行任务后传时，从自动选取的 K 个人员中手动选取 M 个人员赋予活动执行权进行活动处理。

竞争策略。当活动参与者的参与模式为排他参与或者部分参与，且选取规则为自动选取时，为了能够从候选的 N 个活动参与者中自动选取 M 个人员执行活动处理，需要定义自动选取的条件，称为活动参与者的竞争策略。根据选取条件的不同，活动参与者的竞争策略可以分为以下四种：

1）平等竞争。候选的 N 个活动参与者具有同等的概率获得执行权，但最终的活动执行者将是最先执行此活动的 M 个参与者，第 $M + 1$ 到第 N 个参与者同样会获得活动的执行权，但其执行结果将被视为无效。

2）优先竞争。根据候选的 N 个活动参与者的优先级由高至低的顺序，依次选取 M 个人员赋予活动执行权，而且任何时刻只有在当前无更高级别参与者的情况下，当前参与者才能够获得执行权。

3）均衡竞争。按照候选的 N 个活动参与者工作强度均衡的原则，从中选取在相同时间内工作强度较小的 M 个人员进行活动处理。这种竞争方式是同活动参与者的工作历史相关的，需要依赖参与者的历史执行状况进行选取。

4）约束竞争。用户可以自由组合上述三种竞争策略、自行定义执行者的挑选条件,从选取候选的 *N* 个活动参与者中自由选取 *M* 个人员来进行活动处理。

(2)活动执行者的确立。

活动执行者的确立是一个逐步规约的过程,按照一定的规则根据组织模型在组织成员中逐步约简,筛选出满足活动处理条件的人员,从而确立最终可以获得活动实际执行权的人员范围。活动执行者的确立过程包含 4 个步骤(如图 12 所示)。

Step 1 确定参与者集合。组织模型中的所有成员组成原始的组织全集,在组织全集中使用指派规则选取能够胜任给定活动处理的候选人员范围,组成活动参与者集合。如果被指派的活动参与者集合中只包含一个人员,那么本步骤所确定的活动参与者集合便是最终的活动执行者集合。

Step 2 确定带有参与人数约束的参与者集合。将参与模式作用于活动参与者集合,设定活动参与者的候选人员中有多少人可以参与活动的处理,从而获取带有参与人数约束的活动参与者集合。如果设定的参与模式为全部参与,那么 Step 1 所确定的活动参与者集合便是最终的活动执行者集合。

Step 3 确定带有选取方式约束的参与者集合。将选取规则作用于带有参与人数约束的参与者集合,设定参与活动处理的人员的选取方式,从而获取带有选取方式约束的活动参与者集合。如果设定的选取规则为手动选取,那么 Step 2 所确定的带有参与人数约束的参与者集合便是活动执行者的候选人员,究竟活动参与者集合中的哪些人员能够成为最终的活动执行者,需要在执行阶段由该活动的直接前驱的活动执行者进行选取。

Step 4 确定执行者集合。将竞争策略作用于带有选取方式约束的活动参与者集合,设定活动执行者候选人员之间对活动处理的竞争模式,从而最终确定满足给定活动处理要求的活动执行者集合。

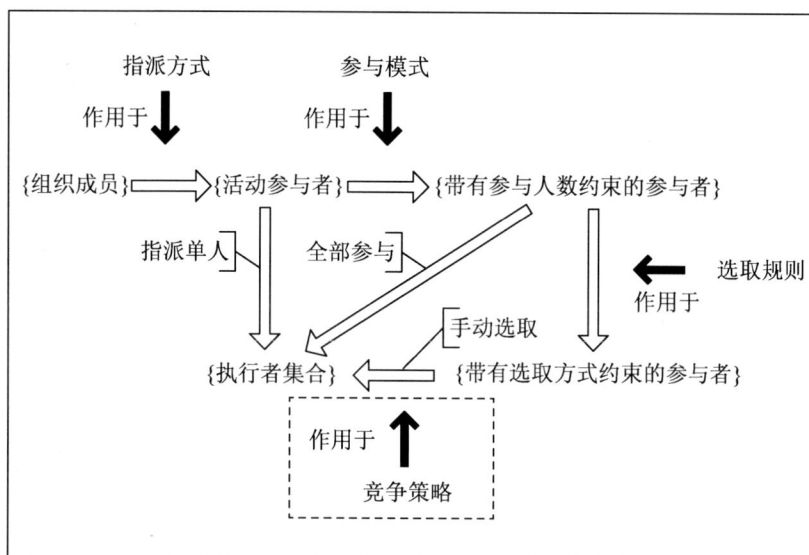

图12　活动执行者的确立过程

活动执行者确立的过程中,每一步骤都使用了不同的分配策略,从不同侧面对候选的参与者进行约束,逐步缩小参与者的选择范围,从而获得最终满足实际需要的活动执行者集合。

4.3　可演化的柔性工作流描述

4.3.1　工作流演化特点

随着工作流的应用范围从部门级向企业级,以及跨企业级发展,其结构越来越复杂,建模时不确定的因素也越来越多。一个流程可能包含几十甚至上百、上千个活动[107],每个活动又可能包含诸多的动态因素。对于流程建模人员来说,完整而精确地把握流程的目标需求,设计出一个复杂的流程,有时几乎是一项不可能完成的任务;即使能够设计出这样的流程,不仅使流程的可读性和可维护性较差,而且对流程的使用和理解也是非常困难的。

传统的静态层次建模方法将流程建模与流程执行严格隔离开来,使得所建立的流程描述无法应对现代复杂的业务需求和瞬息万变的市场环境。结合应用中目标需求的实时变化,现从考察演化的特性入手,深入剖析这种变化对业务流程所带来的影响,从而获取支持动态演化的柔性工作流模型的基本需求。

从工作流演化的时机来看,在建模阶段,流程建模人员通过对工作流模型进行不断地调整和更新,一定程度上可以建立相对完善且高效的工作流描述,但是这些工作是在流程实例化或者执行之前进行的,属于静态意义上的调整;在执行阶段,为了适应多变的市场和客户需求,业务流程同样需要不断地作出调整以适应这种变化,而这些变化是在流程实例化之后的执行过程中进行的,属于动态意义上的调整。由此看来,变化贯穿于工作流的整个生命周期,无法在建模阶段完全确定,而执行阶段的变化由于涉及处于活动状态的流程实例,因此对工作流的应变能力提出了更高的要求。

从工作流演化的趋势来看,随着工作流管理系统向动态、大规模应用的发展,流程建模阶段无法预知的因素越来越多,大到流程的控制逻辑,小到活动中数据字段的访问等。这些产生变化的要素有些在建模阶段是可以预知的,而有些在建模阶段是根本无法预知的。

从工作流演化的要素来看,工作流模型的所有组成要素都可能发生变化。根据工作流模型视图的不同,变化可以分为业务流程和组织机构两大方面。业务流程的变化包含添加新的活动、删除已有的活动、修改现有活动(如修改活动参与者、业务处理工具等),以及活动之间的依赖关系等;组织结构变化,以及人员变动也是常有发生的,如机构重组、人员或角色的改变等,这些变化有时会影响活动的参与者,从而间接带来工作流执行的变化。

综合以上几方面,工作流并非一成不变,而是随着实际环境的需求在不断地变化;变化可能具有预见性,也可能是随需不可预见的;而且工作流模型中的所有建模要素在整个生命周期中均可能发生变化。

4.3.2　演化方法

为了简化建模的复杂性,提高建模效率,我们希望不仅可以将复杂的建模问题分解为简单的问题来解决,利用最基本的建模元素,使用嵌套的建模方法,在不增加任何额外开销的前提下完成不同规模问题的建模,而且能够合理支持流程可预见以及不可预见的动态变化,支持组织机构变化对业务流程所产生影响的处理。

可演化的柔性工作流建模是一个逐步分解、反复求精的过程,在此过程中伴随着授权的许可,使任务趋于进一步的落实和分工的进一步明确。其宗旨是在已有建模元素的基础上,支持业务流程中可预知和不可预知因素的动态变化,并尽可能将变化限制在最小范围内,以降低变化所带来的额外开销。

工作流的演化可能由流程变化引起,也可能由组织变化引起。流程变化与组织变化是相辅相成的,流程体现了组织需要实现的一个业务目标,而组织体现了实现该目标所涉及的人员分工,以及职责权限。例如,发货管理流程描述了客户订购产品的配送过程,物流部门负责产品的配送,物流部门内部员工是配送行为的主体,不同的员工负责不同产品的配送。目标的实现是一个逐步落实的过程,我们将用户需求看作是一个组织的总体目标,那么它可以被分解成多个具体的粒度较小的目标,不同粒度的目标由不同层次的组织实现,粒度较小的目标由下级组织实现,粒度较大的目标由上级组织实现,下级组织又可以对本层的子目标继续分解,由更下一级的组织来完成,直至所有子目标都分解成单个环节,并指定给组织中的具体人员或角色实现为止。业务目标的逐步分解以组织为基础,并依赖于组织的层次自治特性,目标的每一次分解都意味着其在组织内的进一步落实,以及责任的进一步细化。

具体来讲,工作流的演化是担任组织内领导职务的活动执行者在完全使用已有建模元素的基础上,结合组织机构的层次特性,以及组织内人员的上下级关系,采用按需扩展的建模方法,将业务流程在逻辑上分为多个层次。每一层的业务流程对应组织机构中的一个自治域,每个层次的业务流程可以由该自治域的组织负责人在其所管辖的组织内进行分解和细化,从而实现无嵌套深度限制的工作流模型的动态演化。

工作流演化的根本宗旨是在特定层次上维护流程的结构性,在其下层的具体行为上允许不确定性。建模阶段首先由流程建模人员按照工作流规范构建一个半精确化的主流程,主流程中的每个活动都具备完整的活动描述;执行阶段由担任组织内领导职务的活动执行者根据实际的组织结构,以及人员技能、分工状况对本节点活动进行动态演化,生成符合工作流规范的子流程,以此逐步完善工作流定义,使其随着活动的执行不断得以细化和扩充,直至执行阶段完成,流程才被确定下来,从而形成最终精确的工作流描述。

工作流的动态演化并不严格区分定义阶段和执行阶段:一方面通过在较高层次上的抽象隐藏底层流程中的不精确的细节;另一方面在执行过程中通过对演化动态调整活动的控制模式,以及业务规则,从而逐步精确化每一层次的活动。每一层次活动的精确化过程均遵循相同的业务规则,采用相同的描述方式,从而工作流的演化是一个递归描述的过程,而且这种递归深度没有深度限制。据此,可演化工作流可定义为如下内容。

定义4.3 – 1【可演化工作流】可演化工作流 WFS 是一个七元组:$WFS = (Workflow^\circ, Workflow, top, ACT^\circ, org, decompose, trace)$,其中:

1)$Workflow^\circ$ 表示演化过程中生成的工作流集合,非空。

2)$top \in Workflow^\circ$ 表示顶层工作流,$\forall W \in Workflow^\circ, W \neq top$。

3)$Workflow \subseteq 2^{Workflow^\circ - \{top\}}$,$(\cup_{W \in Workflow} W) = Workflow^\circ - \{top\}$。

4)$ACT^\circ = \cup_{W \in Workflow^\circ} ACT_W$ 表示所有活动的集合。

5)$decompose : (\cup_{act \in ACT^\circ, Performer(act) \lessdot org^P} act) \to (\cup_{W \in Workflow} W)$。其中,$Performer(act)$ 表示活动 act 的执行者,org^P 表示组织 org 中各层组织负责人集合,$\lessdot$ 表示担任职务。活动 act 称为演化活动,活动 act 所属的流程称为主流程,活动 act 经过一次演化后生成的流程 W 称为子流程;用 $decompose^*(act)$ 表示活动 act 多次演化后生成的所有子孙流程,有 $decompose^*(act) \subseteq (\cup_{W \in Workflow} W)$。

6)$trace_{W \in Workflow}(W)$ 表示演化生成 W 的主流程,$trace^*(W)$ 表示演化生成 W,以及除 $trace(W)$ 外的所有祖先流程。

7)$\forall W_1, W_2 \in Workflow^\circ, W_1 \neq W_2$,若 $W_1 \cap W_2 \neq \phi$,则 W_1 与 W_2 具有父子关系,且 $\exists act \in ACT^\circ$,使得 $ACT_{W_1} \cap ACT_{W_2} = act \wedge Performer(act) \lessdot org^P$;若 $W_1 \cap W_2 = \phi$,则 $\exists W \in Workflow^\circ$,使得 $W \in trace^*(W_1) \wedge W \in trace^*(W_2)$。

工作流的演化以活动执行者担任组织的领导职务为前提,活动执行者可以在其所在的节点机对流经本节点的活动进行动态演化。演化方式有两种:一种是活动执行者在任意时刻调用节点机上的流程建模工具对选定的本节点活动进行扩展;另一种是活动执行者在活动实例化生成的任务到达本节点后,通过用户任务管理器调用流程建模工具对活动进行扩展。无论采用何种演化方式,一个流程经过一次演化后生成唯一有效的子流程,工作流演化后产生一个独立于主流程的子流程,子流程以演化活动作为开始活动和结束活动,以演化所产生的新活动作为子流程的中间活动。

4.3.3　约束规则

工作流模型演化过程中不仅要保证主流程与子流程的 I/O 是一致的,而且要保证它们的性质不变,因为只有这样才可以保证工作流在演化后的系统特性不变。所以当一个活动节点向下动态演化,生成子流程时,子流程是要受到限制的,否则主流程的行为可能在演化前后产生不一致。

可演化的动态工作流在执行阶段对活动进行演化时插入了新的活动,为了确保演化后生成的子流程的正确性和完整性,避免演化后出现结构错误、数据丢失、访问越权等现象,需要对活动演化进行约束。本节从起止活动、活动执行者、活动数据、访问权限四个方面阐述活动演化的约束规则。

假设主流程 W_1 含有 n 个活动 $W_1 = \{act_1, act_2, \ldots, act_n\}$, W_2 表示 W_1 中活动 $act_k(1 \leqslant k \leqslant n)$ 演化后生成的子流程, $W_2 = \{act_{k1}, act_{k2}, \ldots, act_{kv}\}(v \geqslant 1)$ 。

(1)活动控制约束。

活动控制约束指活动演化后对流程控制权的约束规则。演化活动一旦被启动,那么流程的控制权最终都将通过演化活动返回给主流程 W_1 ,就是说子流程 W_2 必须以演化活动 act_k 作为开始活动和结束活动。即:

$$act_{k1} = act_k, act_{kv} = act_k。$$

(2)活动执行者约束。

活动演化的目的是将任务细化,由演化活动执行者的下属人员来完成业务处理,从而子流程中的所有活动的执行者一定是演化活动执行者的下属人员。描述为:

如果 $m = Performer(act_k) \wedge m \in org$ ，那么对任意的 $m' = Performer(act_{kj})$ ，$j = 1,2,\cdots,v$ ，必有 $m' \in org$ 。

（3）活动数据约束。

活动数据约束指活动演化后对活动数据的限制规则。数据是业务流程加工处理的核心，对活动进行动态演化时，活动数据必须遵循一定的约束规则，确保演化前后活动数据的完整性和一致性。

业务流程中活动数据组成的集合称为活动数据集，包含输入数据集和输出数据集。子流程的输入数据指的是子流程中所有活动的输入数据的总和，子流程的输出数据指的是子流程中所有活动的输出数据的总和。

数据约束从两个角度来考虑：一是演化活动 act_k 的数据字段集 $D_A(act_k)$ ，包含输入数据字段集 $D_A^{IN}(act_k)$ 和输出数据字段集 $D_A^{OUT}(act_k)$ ；二是数据类型 $T(d)$ ，$d \in D(act_k)$ ，包含输入数据类型和输出数据类型。

（a）输入数据字段约束。活动演化前后演化活动的输入数据字段数目保持不变，即子流程中活动 act_{k1} 的输入数据字段总和等于主流程中动 act_k 的输入数据字段的总和。但活动演化后子流程中可以增加一些数据字段来获取活动处理所需的参考信息，就是说子流程的输入数据除了包含从主流程中注入的数据字段之外，子流程还可以自行定义临时的输入数据字段，因此活动 act_k 的输入数据字段集是子流程输入数据字段集的子集。如果 $N(d)$ 表示活动数据字段 d 的名称，那么输入数据字段约束可描述如下。

对任意 $d \in D_A^{IN}(act_{k1})$ ，存在 $d' \in D_A^{IN}(act_k)$ ，使得 $N(d') = N(d)$ ，反之亦然；且有 $D_A^{IN}(act_k) \subseteq \bigcup_{j=1}^{v} D_A^{IN}(act_{kj})$ ，$j = 1,2,\cdots,v$ 。

（b）输出数据字段约束。活动演化后演化活动的输出数据字段数目保持不变，即子流程中活动 act_{kv} 的输出数据字段总和等于主流程中活动 act_k 的输出数据字段的总和，但活动演化后子流程中可以增加一些数据字段来保存子流程执行的中间结果，就是说子流程的输出数据除了包含主流程中流出的数据字段之外，子流程还可以自行定义临时的输出数据字段，因此活动 act_k 的输出数据字段集是子流程输入数据字段集的子集。描述如下：

对任意 $d \in D_A^{OUT}(act_{kv})$ ，存在 $d' \in D_A^{OUT}(act_k)$ ，使得 $N(d') = N(d)$ ，反之亦然；且有 $D_A^{OUT}(act_k) \subseteq \bigcup\limits_{j=1}^{v} D_A^{OUT}(act_{kj})$ ，$j = 1,2,\cdots,v$ 。

（c）输入数据类型约束。活动演化后演化活动的输入数据字段类型保持不变，即子流程中活动 act_{k1} 的输入数据字段类型与主流程中活动 act_k 的输入数据字段类型相同。描述如下：

如果 $d \in D_A^{IN}(act_k)$ ，$d' \in D_A^{IN}(act_{k1})$ 且 $N(d') = N(d)$ ，必有 $T(d') = T(d)$ 。

（d）输出数据类型约束。活动演化后演化活动的输出数据字段类型保持不变，即子流程中活动 act_{kv} 的输出数据字段类型与主流程中活动 act_k 的输出数据字段类型相同。描述如下：

如果 $d \in D_A^{OUT}(act_k)$ ，$d' \in D_A^{OUT}(act_{kv})$ 且 $N(d') = N(d)$ ，必有 $T(d') = T(d)$

（4）访问权限约束。

权限约束指活动演化后子流程中各活动执行者对活动数据进行操作的限制规则。演化活动 act_k 的数据字段 d ，$d \in D_A(act_k)$ 的访问权限 $P(d) \in DataAuth$ ，包含四种：X 无访问权限；R 只读权限；W 只写权限；A 读写权限。这四种访问权限的级别（用 L 表示）由低到高依次为：$L(X) \rightarrow L(R) \rightarrow L(W) \rightarrow L(A)$ 。

活动演化后子流程中活动 act_{k1} 对数据字段 d 的访问权限等于演化前主流程中活动 act_k 对 d 的访问权限。如果演化活动对数据字段 d 具有 $L(P(d))$ 级别的访问权限，那么子流程中各活动对数据字段 d 具有不高于 $L(P(d))$ 级别的访问权限。描述如下：

1）对任意的 $d \in D_A(act_k)$ 、$d' \in D_A(act_{k1})$ ，如果 $N(d') = N(d)$ ，有 $P(d') = P(d)$ ；

2）对任意的 $d \in D_A(act_k)$ 、$d' \in D_A(act_{kj})$ ，$j = 1,2,\cdots,v$ ，如果 $N(d') = N(d)$ ，必有 $L(P(d')) \leqslant L(P(d))$ 。

4.4　应用实例

以产品设计流程为例来说明工作流模型的演化。产品设计流程涉及产品部门中的 4 个子组织：需求分析部门、系统设计部门、系统开发部门、系统测试部门。产品管理部门在描述产品设计流程时,只描述其下一级组织(如图 13 所示)。

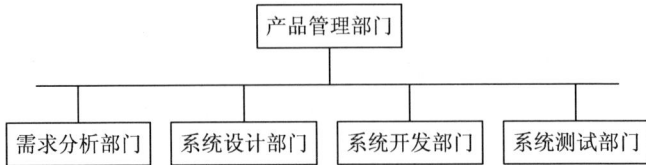

图 13　产品管理部门组织结构图

产品设计流程包括顺序执行的 4 个活动:需求分析活动 act_1、系统设计活动 act_2、系统开发活动 act_3、系统测试活动 act_4。它们分别指派给需求分析部门、系统设计部门、系统开发部门,以及系统测试部门进行处理,如图 14 所示。

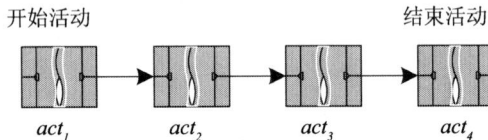

图 14　产品设计流程

需求分析部门、系统开发部门、系统测试部门的负责人亲自处理分配给本部门的活动 act_1、act_3、act_4,而系统设计部门的负责人将分配给本部门的活动 act_2 进行演化,分配给其下属进行处理。系统设计部门负责人先定义其下属,包含一个子组织和两个直接下属概念设计人员 1 和结构设计人员 1,子组织内又包含详细设计人员 1 和详细设计人员 2 两个下属(如图 15 所示)。

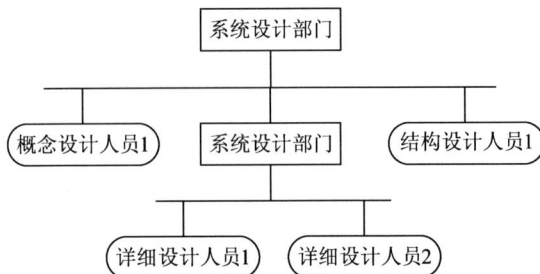

图 15　系统设计部门负责人定义的组织结构图

系统设计部门负责人分配给本部门处理的产品设计活动 act_2 分解成概念设计 act_{21}、结构设计 act_{22}、详细设计 act_{23}，分别指派给概念设计人员 1、结构设计人员 1，以及详细设计人员 1 和 2 来完成，最终形成系统设计子流程（如图 16 所示）。系统设计子流程以系统设计活动 act_2 为开始活动和结束活动，以活动 act_2 的输入/输出作为子流程的输入/输出，且活动 act_{21}、act_{22}、act_{23} 对子流程的输入/输出数据的访问权限不高于活动 act_2 对其输入/输出数据的访问权限。

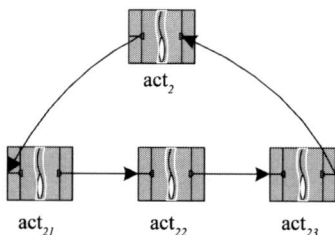

图 16　扩展后的系统设计子流程

4.5　实例分析

系统设计部门负责人与流程建模人员使用同样的建模方法和建模元素对系统设计部门组织结构，以及系统设计子流程进行描述。且他们对组织机构，以及业务流程的管理具有不同的区域范围，满足不同管理层具有不同管理权限的需求。这种描述方法不受组织机构，以及子流程深度的限制，符合组织机构的层次特性，可以支持事先无法确定情况的描述。同时，将组织机构和业务流程分开进行描述可以减少二者间的依赖，增强工作流描述的灵活。

上述实例表明工作流模型的演化在现有的模型规范没有引入新的建模元素的前提下，支持业务流程和组织机构的独立扩展，以及对不可预知的非确定性因素的描述。与传统的层次建模方法相比具有以下优点：

1）减小组织机构变化对业务流程产生的影响，使工作流具有良好的柔性，将组织机构变化对业务流程带来的影响限制在尽可能小的自治区域内。当组织内人员发生变动时，无需改变业务流程逻辑，只需要重新建立组织与活动之间的映射关系即可;当业务流程处理逻辑发生改变时,不会对组织描述产生任何影响。这种描述方法使得组织模型与流程模型之间具有相对的独立性与自治性。

2)使业务流程变动的影响局部化。当业务流程发生改变时,可以充分利用组织的层次性,在组织内对其进行修改,从而可以将流程的改变限制在最小的组织范围内,减少流程变化对其余部分的影响。

3)符合组织自治的特点,为各级组织提供了参与和实施管理的手段。打破了传统工作流系统中只能少数人员进行业务管理、多数中间层管理人员无法参与部门决策的局面,结合组织区域自治的特点,充分调动各级组织的积极性和能动性,使员工能够参与到组织业务的自主管理中。

4)支持无嵌套深度限制的递归描述,简化了建模的复杂性。流程建模人员使用具有完整活动语义的基本建模元素,基于相同的建模方法,便可以完成组织和流程无嵌套深度限制的工作流演化,没有增加任何新的建模元素,降低了组织建模和流程建模的复杂性。

5)定义了活动演化的约束规则,保证演化后流程的完整性和一致性。演化过程中不仅保证了主流程与子流程的I/O是一致的,而且保证了子流程的继承属性不变,从而实现了演化后流程的完整性和一致性。

第五章 统一数据管理

WfMC[5]将工作流定义为一类能够完全或者部分自动执行的业务过程,它使得文档、信息或任务按照一系列预先定义的规则在不同执行者之间进行传递,以实现整体的业务目标。随着业务过程的不断推进,数据流也就产生了。从本质上讲,工作流就是依据特定规则对数据进行加工处理的过程,数据是工作流的基础[138],数据管理是工作流系统不可缺少的一部分。在工作流描述过程中,有时涉及多种异构数据,为了实现面向业务语义的工作流描述,需要向业务人员呈现一致的数据视图、实现透明的数据访问。

5.1 数据管理的目标

目前多数工作流系统中的数据描述是面向系统开发的技术人员的。这导致工作流系统在投入使用以后,不仅设计流程的建模人员在描述数据时需要与管理数据源的技术人员进行频繁的交互,而且在业务流程启动之后,一旦它所访问的数据源结构或者数据属性发生变化,则必须要数据源管理人员干预才能实现数据管理。这使技术人员过多地介入到企业的流程管理中,削弱了业务人员的管理权限。因此要想实现面向业务语义的工作流描述,必须解决业务领域的数据描述问题,分离业务人员和技术人员的职责权限。

面向业务领域的数据描述方法要求流程建模人员能够在不了解数据源相关特性的情况下完成数据的描述。工作流系统需要处理多种数据,从流程数据到实例数据、从内部数据到外部数据、从结构化数据到非结构化数据[82]。数据来源也各不相同:有来自流程中的流程数据,有来自工作流仓库或工作流系统内部数据源,也有来自工作流系统之外的数据源。传统工作流系统中各种数据所采用的描述方法是不同的,大多采用多样化的描述方法,为每类数据的每种来源提供一种描述手段,这种方式增加了数据描述的复杂性。

数据描述方法的多样性必然导致数据处理方法的多样性。这就要求工作流系统能够确定数据描述方法与数据处理方法间的对应关系,或者通过事前指定的方式,或者通过自动定位的方式。当访问的数据源种类增加时,工作流系统只有建立新的数据描述方法与数据处理方法之间的对应关系,才能实现对新增数据源的访问。此外,工作流中数据描述对数据物理结构的依赖,使得工作流系统中所采用的数据处理方法同样依赖于数据的物理结构,这不仅使系统中的数据处理变得复杂,而且限制了系统的灵活性和可扩展性。

工作流的处理要求在正确的时间把正确的数据传递给正确的人,具有一定的实时特征和动态特征。因此无论数据来自流程的内部还是流程的外部,工作流系统都需要提供实时数据访问机制,能够在适当的时候对分散的数据进行动态集成,向用户提供全面统一的数据视图[139]。

综合来看,工作流中数据管理需要实现以下目标:

1)面向业务语义的数据描述。屏蔽数据物理结构的技术内涵,面向工作流系统的使用人员和管理人员,以管理人员熟悉的概念和方式进行数据描述。这样,无论在日常管理还是在单位的业务重组中,都会使业务管理人员处于管理的核心位置。

2)统一的数据描述规范。工作流系统中无论数据的来源、功能和用途如何,其访问的本质是相同的,都是从一个特定的数据源中根据特定的条件访问特定的数据,因此不需要为每类数据的每种来源提供不同的数据描述方法,相反可以采用一致的通用方法定义数据访问规则,规范数据描述。

3)透明的数据访问机制。将数据的物理属性封装在数据处理模块的内部,由数据处理模块屏蔽底层数据的存储和管理方式,以及各种异构数据结构的差异,提供对异构数据的访问服务,分离物理数据处理与业务逻辑处理,从而实现数据访问的完全透明化。

4)实时的动态数据集成机制。工作流中数据访问可以在不同的时刻进行,如在活动和业务处理工具的启动或结束时,或者在业务处理的过程中。鉴于工作流中数据的实时性和动态性需求,工作流系统需要在适当的时候能够将来自不同数据源、不同流程实例,以及不同业务活动的不同类型的数据有机地整合起来、有效地加以利用,从而实现数据的实时访问与动态集成。

5.2　数据模型

数据模型描述工作流系统中数据管理的结构模型,涉及数据描述和数据处理两部分。

5.2.1　数据类型

数据是工作流系统中各活动维护与处理的数据字段的总和,这些数据在不同活动、不同执行者,以及活动的不同步骤之间流动或传递。

工作流系统中的数据依据其作用范围可以分为流程数据和活动数据。流程数据是业务流程中所有活动能够访问及处理的数据总和。用 WFD 表示流程数据集,n 表示业务流程中的活动数目,$D_A(i)$ 表示活动 $i(1 \leqslant i \leqslant n)$ 所能访问的活动数据集,那么流程数据和活动数据的关系可描述为:

$$WFD = \bigcup_{i=1}^{n} D_A(i)$$

从活动数据在工作流模型[140]中的功能用途来看,活动 i 所能访问的活动数据可以划分为控制数据 $D_C(i)$、步骤数据 $D_S(i)$ 和工具数据 $D_T(i)$ 三种。控制数据指活动控制层需要处理的数据。与 WfMC 所定义的工作流控制数据不同,控制数据可能包含 WfMC 所定义的三类数据,它一方面用于判断活动的状态、控制活动的逻辑,一方面作为活动步骤层的初始来源数据。步骤数据处于活动数据的中间层次,是活动步骤所能处理的数据。工具数据指活动步骤所使用的业务处理功能工具所提供的接口数据。活动数据与上述三种数据之间的关系可描述为:

$$D_A(i) = D_C(i) \cup D_S(i) \cup D_T(i)$$

控制数据可以映射到步骤数据来初始化处理步骤的起始状态,步骤数据也可以映射回到控制数据来影响活动的处理逻辑。同时步骤数据可以作为业务处理工具接口的初始数据,界定所要处理业务的初始状态,业务处理的结果又可以通过业务处理工具的输出接口数据替换原有的步骤数据。

5.2.2 数据依赖关系

工作流中数据的流动或传递指明了数据的来源和去向。数据的来源或去向指明了该数据与其来源或目的数据之间的约束和制约关系,即数据之间存在的依赖关系[80]。数据依赖关系是一般性的概念,只要数据之间存在读写关系,都称为具有依赖关系。例如,物料来源信息中记录物料编号及供应商编号,供应商信息中记录供应商的编号、名称、地址、信誉等级、供货周期。在进行物料采购时,需要读取供应商属性:供应商编号,以及供货周期,此时物料来源信息中的供应商编号与供应商信息中的供应商编号就存在数据依赖关系。

数据的来源和去向分别有两种:流程实例内部(简称内部)和流程实例外部(简称外部),分别用 In 和 Ex 表示。内部指流程实例中随着控制流流动的数据流;外部指工作流仓库、工作流系统内部的数据源,以及工作流系统外部的数据源,统称独立数据源,在不引起混淆的情况下,简称数据源。用 d 表示任一数据,$Source$ 表示数据来源,$Destination$ 表示数据去向,则有:

$$\forall d \in WFD \Rightarrow Source(d) \in \{In, Ex\} \wedge Destination(d) \in \{In, Ex\}$$

从数据的来源和去向看,工作流中数据依赖关系分为两种:内部数据依赖关系 R_{IN} 和外部数据依赖关系 R_{OUT} ,前者表示数据的来源或去向为内部时的数据依赖关系,后者表示数据的来源或去向为外部时的数据依赖关系。工作流系统中控制数据与控制数据之间、控制数据与步骤数据之间、步骤数据与工具数据之间的依赖关系属于内部数据依赖关系;而控制数据与数据源数据之间、步骤数据与数据源数据之间、工具数据与数据源数据之间的依赖关系属于外部数据依赖关系(如图 17 所示)。

用 ACT 表示业务流程中所有活动集合,有:

$$R_{IN} \subseteq ACT \times (D_C \times D_C \cup D_C \times D_S \cup D_S \times D_C \cup D_S \times D_T \cup D_T \times D_S)$$

$$R_{OUT} \subseteq ACT \times (D_C \times D_E \cup D_E \times D_C \cup D_S \times D_E \cup D_E \times D_S \cup D_T \times D_E \cup D_E \times D_T)$$

其中,D_C 表示控制数据集合,$D_C = \sum D_C(i)$;D_S 表示步骤数据集合,$D_S = \sum D_S(i)$;D_T 表示工具数据集合,$D_T = \sum D_T(i)$;D_E 表示数据源数据集合,$D_E =$

$\sum D_E(i)$，$D_E(i)$ 表示活动 i 所要访问的数据源数据集合。

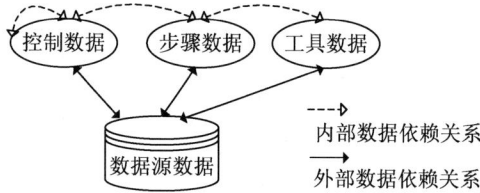

图 17　数据依赖关系

内部数据依赖关系中数据从前驱活动传递到后继活动,或者从一种活动数据传递到另一种活动数据;外部数据依赖关系需要访问业务流程的历史数据或相关数据,这些数据位于独立数据源中,其中一部分并不真正属于工作流系统的组成部分,因为它们并不完全由工作流系统维护,而且可能在工作流系统之外单独发挥作用,由其他用户或应用程序管理[80]。

5.2.3　三层数据模型

结合工作流中数据类型,以及数据依赖关系的特点,提出一种三层数据模型(如图 18 所示),该模型分为数据描述层、数据处理层和数据存储层。

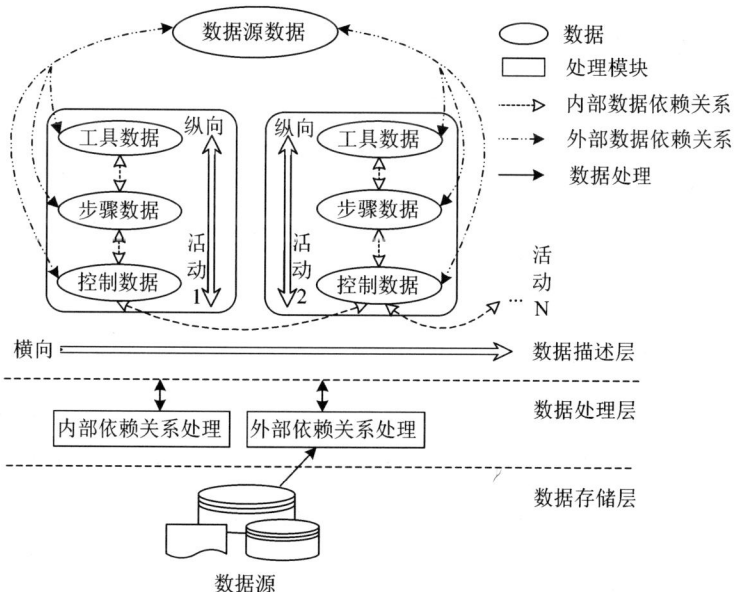

图 18　三层数据模型

数据描述层在流程建模阶段负责数据及其依赖关系的描述。控制数据可以转换为步骤数据、再转换为工具数据,工具数据可以转化为步骤数据、继续转换为控制数据,这样在活动内部形成了纵向的数据依赖关系。纵向的数据依赖关系属于内部数据依赖关系,它包含控制数据与步骤数据之间、步骤数据与工具数据之间的数据依赖关系。用 R_V 表示纵向的活动内部的数据依赖关系,有:

$$R_V \subseteq ACT \times (D_C \times D_S \cup D_S \times D_C \cup D_S \times D_T \cup D_T \times D_S)$$

活动之间的控制数据可以相互转换,活动上的控制数据、步骤数据和工具数据又可以与数据源数据相互转换,从而在活动外部形成了横向的数据依赖关系。横向的活动外数据依赖关系包含控制数据与控制数据之间、控制数据与数据源数据、步骤数据与数据源数据、工具数据与数据源数据之间的数据依赖关系。横向的数据依赖关系一部分属于内部数据依赖关系,另一部分属于外部数据依赖关系。用 R_H 表示横向的活动外部的数据依赖关系,有:

$$R_H \subseteq ACT \times (D_C \times D_C \cup D_C \times D_E \cup D_E \times D_C \cup D_S \times D_E \cup D_E \times D_S \cup D_T \times D_E \cup D_E \times D_T)$$

数据处理层负责处理流程建模阶段所生成的数据依赖关系,该层从数据来源和去向角度分为两部分:内部数据依赖关系的处理和外部数据依赖关系的处理。内部数据依赖关系处理的是活动数据,属于流程建模阶段所定义的数据,在工作流系统内部便能够实现;而外部数据依赖关系涉及数据源数据,需要访问独立数据源,为保证访问及处理的透明性,使用独立的服务组件来完成。

数据存储层用于保存物理数据,该层存储的数据并不完全属于工作流系统,可能由其他用户或应用程序单独维护,因此,数据存储不纳入工作流系统数据管理的范畴。

工作流中数据模型将数据空间划分为三部分:概念空间,逻辑空间和物理空间。概念空间对应数据描述层,是业务人员实现数据描述的领域空间;逻辑空间对应数据处理层,是工作流系统对数据流转及转换进行处理的空间;物理空间对应数据存储层,指物理数据源的存储空间。

5.3　统一数据描述

　　面向业务语义的数据描述要求业务人员能够在不了解数据物理结构和关联关系的前提下,便可以完成数据,以及内、外部数据依赖关系的描述。其中,控制数据、步骤数据,以及工具数据由流程建模人员在概念空间基于业务语义进行定义,数据源数据位于独立数据源中,工作流系统只能在数据源授权的范围内对其进行访问,从而使得数据源数据的描述较为复杂,这也是传统工作流系统不支持数据源数据描述的原因所在。但实际应用中,数据源数据是工作流系统必不可少的组成部分,这就要求对传统工作流模型进行扩展,使扩展后的工作流模型支持对数据源数据的描述。

　　工作流模型扩展的目的是实现面向业务语义的统一数据描述,扩展内容如下:(1)把活动所要访问的数据源以面向业务语义的形式表示出来,保证每个数据源都具有唯一的标识;(2)流程建模人员应该了解在面向业务语义的工作流建模中,所定义的活动在实际执行时需要访问的数据源,进而对外部数据依赖关系作出描述。

5.3.1　数据源描述

　　数据源不是完全意义上的工作流的组成部分,因为它不完全由工作流系统维护,可能在流程之外独立发挥作用。如公司招聘流程中需要审查应聘人员的学位证书,而应聘人员的学位证书信息存放在高等教育学生管理中心,由该管理中心独立进行管理,并不完全从属于招聘流程。因此工作流系统在使用数据源中的数据时需要遵循一定的原则:一是工作流系统在使用数据源时必须建立自己的数据管理机制,要保持数据源原有形态的独立性和自治性;二是数据源操作必须在授权的范围内进行,从而要保证数据源的安全性和机密性。

　　传统的工作流系统中,流程建模人员需要对所要访问的数据源数据指定访问路径,如根据数据源中的数据 d_1 获取数据 d_2 时所使用的 d_1 到 d_2 的查询路径。但数据的查询路径涉及数据源的物理结构,流程建模人员要实现数据源访问的描述,必须获知数据源的物理结构,以及数据之间的关联关系,而数据源结构与具体技术相关,不属于流程建模人员的管理范畴,为了能够顺利完成流程建模,就需要技术人员的参与。这就出现了技术人员参与业务管理,削弱业务人员管理权限的问题。

为了实现数据源数据的描述与其物理结构无关,本文采用映射机制对数据源进行统一描述。一方面要求在业务人员的概念空间与数据源的物理空间之间增加一个逻辑空间,向下屏蔽异构数据源的物理结构及其差异,向上提供统一的数据视图;另一方面要求概念空间与逻辑空间分离,尽可能屏蔽逻辑数据之间的复杂关系,使业务人员能够在业务层面以方便快捷的方式对数据源数据进行描述,从而降低数据描述的复杂性。

(1)数据源描述策略。

数据源描述必须满足以下条件:

1)支持对异构数据源的统一描述;

2)能够描述各种数据模式,无论是结构化的还是半结构化的;

3)能够以面向业务语义的方式展现复杂多样的数据关系;

4)数据源描述要独立于机器平台、编程语言,以及数据源操作原语。

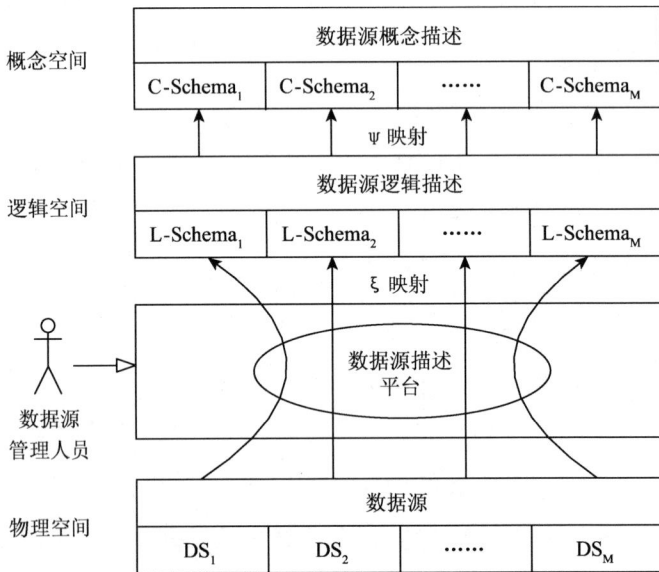

图 19   面向业务语义的数据源描述策略

数据源描述使用的策略(如上图 19 所示),数据源管理人员使用数据源描述平台对物理空间上的数据源结构 DS_i （ $1 \leq i \leq M$ ）进行描述,生成逻辑空间上的数据源逻辑描述 $L\text{-}Schema_i$,然后在数据源逻辑描述的基础上经过 ψ 映射生成概念空间上的数据源概念描述 $C\text{-}Schema_i$ 。数据源逻辑描述体现了数据源的结构特点,是工作流系统实现数据源数据访问的依据;数据源概念描述体现了面向业务人员的数据展现形式,是实现面向业务语义的数据描述的基础。

数据源中的数据之间存在一定的关联关系,数据之间的关联关系可以分为两类:单重联系和多重联系。

定义 5.3 –1【单重联系】数据之间查询路径唯一时所具有的关联关系,记为 $|\rightarrow$ 。 $d_i |\rightarrow d_j$ 表示数据 d_i 与 $d_j(i \neq j)$ 之间具有单重联系。

定义 5.3 –2【多重联系】数据之间查询路径不唯一时所具有的关联关系,记为 $||\rightarrow$ 。 $d_i ||\rightarrow d_j$ 表示数据 d_i 与 $d_j(i \neq j)$ 之间具有多重联系。

数据之间的关联关系具有传递性,如果 $d_i ||\rightarrow d_j$, $d_j |\rightarrow d_k$,那么有 $d_i ||\rightarrow d_k$,如果 $d_i ||\rightarrow d_j$, $d_j ||\rightarrow d_k$,那么有 $d_i ||\rightarrow d_k$ 。

定义 5.3 –3【数据源逻辑描述】数据源结构特性的描述,包含数据源标识、名称、位置、类型、权限、结构关系等属性。数据源逻辑描述 $L - Desc$ 可描述为:

$$L\text{-}Desc = (DsId, \quad DsName, \quad DsIP, \quad DsUser, \quad DsPwd, \quad DsType, \quad LD, \quad LR)$$

$$(5 - 1)$$

1) $DsId$ 为数据源 ID,唯一标识一个数据源;

2) $DsName$ 为数据源的实际名称;

3) $DsIP$ 表示数据源所在机器的 IP 地址;

4) $DsUser$ 和 $DsPwd$ 分别表示访问数据源的用户名和密码;

5) $DsType$ 表示数据源类型,支持关系数据库和文件系统,如 Oracle、MySQL、MSSQL、DB2、Sybase、Informix、XML 文档,以及具有特定格式的文本文件等;

6) $LD \subseteq LDATA \times LAUTH$,其中 $LDATA$ 表示逻辑数据集,逻辑数据可以直接使用数据源数据名称, $LAUTH \subseteq 2^{AUTH}$, $AUTH = \{R,W,RW,D\}$ 其中 R 表示读权限, W 表示写权限, RW 表示读写权限, D 表示删除权限;

7) $LR \subseteq LDATA \times LDATA$ 是描述逻辑数据之间关联关系的集合, LR 只包含单

重联系，$r \in LR$ 表示逻辑数据之间的单重联系。例如，$r(a,\tilde{a})$ 表示逻辑数据 a 与 $\tilde{a}$ 之间的单重联系 $a \mid \to \tilde{a}$ ，其中 a，$\tilde{a} \in LDATA$ 。

定义 5.3 - 4【数据源概念描述】提供给流程建模人员的面向业务语义的数据源概念特性的描述，是对数据源逻辑描述的抽象。数据源概念描述 $C - Desc$ 可描述为：

$$C - Desc = (DsCId, CD, CR) \tag{5-2}$$

1）$DsCId$ 唯一标识一个数据源；

2）$CD \subseteq CDATA \times COP$ ，其中 $CDATA$ 表示对数据源逻辑数据进行抽象所形成的概念数据集，$COP \subseteq 2^{OP}$ ，$OP = \{Get, Put, Modify, Delete\}$ ，Get 表示获取操作，Put 表示写入操作，$Modify$ 表示修改操作，$Delete$ 表示删除操作；

3）$CR \subseteq CDATA \times CDATA$ 是表示概念数据之间多重联系的集合，$r \in CR$ 表示概念数据之间的多重联系。例如，$r(a,\tilde{a})$ 表示概念数据 a 与 $\tilde{a}$ 之间的多重联系 $a \mid\mid \to \tilde{a}$ ，其中 a，$\tilde{a} \in CDATA$ 。

数据源概念描述与数据源逻辑描述之间最大的区别在于它们的基础以及所服务的对象不同。数据源概念描述是基于数据源逻辑描述的提炼、服务于业务人员，而数据源逻辑描述是基于数据源物理结构的提炼、服务于技术人员。上述区别也是数据源概念描述与传统数据源视图的不同之处，更是实现面向业务语义的数据描述的关键所在。

使用上述策略之后，工作流系统可以基于数据源概念描述对数据进行定义或描述。基于数据源逻辑描述对数据进行处理，这种方式不仅使工作流系统对数据源数据的描述处理独立于数据源的物理结构，保持了数据源的独立性和自治性，而且经过映射数据源中的敏感数据和机密数据被屏蔽，从而提高了数据源的安全性。

（2）数据源逻辑描述到概念描述的映射。

数据源逻辑描述到概念描述的映射过程是一个筛选过滤的过程，由公式可知，数据源逻辑描述到概念描述的映射包含三种。

1）数据源标识的映射。数据源概念描述与逻辑描述中的数据源标识可以相同，也可以不同。一般情况下，数据源概念描述不需要单独生成数据源标识，而是直接将逻辑描述中的数据源标识映射过来。

2)逻辑数据集到概念数据集的映射 $\xi:LD \rightarrow CD$ ，对于 $\forall a$ ， $\tilde{a} \in LDATA$ ，c ，$\tilde{c} \in CDATA$ ， $\xi(a) = c$ ， $\xi(\tilde{a}) = \tilde{c}$ ，如果 $c = \tilde{c}$ ，必有 $a = \tilde{a}$ 。

概念数据由逻辑数据映射而来,在不产生歧义的情况下,概念数据可以使用与逻辑数据相同的名称。一般情况下,概念数据名称由数据源管理人员根据逻辑数据含义进行选取,通常体现了人们的共识;并非所有的逻辑数据都会经过映射成为概念数据,能够经过映射成为概念数据的逻辑数据所组成的集合只是 $LDATA$ 的一个子集;经过 ξ 映射后,部分逻辑数据被过滤和屏蔽,对概念空间来说是不可见的,从而提高了数据源数据的安全性和机密性。

逻辑数据的访问权限与业务人员对概念数据的操作权限是对应的,使用 LP_a 表示逻辑数据 a 的访问权限集, CP_c 表示概念数据 c 的访问权限集,如果 $\xi(a) = c$,那么 LP_a 将映射到 CP_c 上,有 $\varphi:LP_a \rightarrow CP_c$ 且 $\varphi(R) = Get$, $\varphi(W) = Put$, $\varphi(RW) = Modify$, $\varphi(D) = Delete$ 。

3)逻辑数据关联关系到概念数据关联关系的映射较其他映射更为复杂,它不是一个简单的函数对应关系,而是经过复杂的计算的结果。

数据源逻辑描述只包含逻辑数据之间的单重联系,而数据源概念描述只包含概念数据之间的多重联系。这是因为逻辑数据关联关系中包含的单重联系是确定而且唯一的,是不以外界条件为转移的,在描述时不需要进行显式的指定,工作流系统在处理时便能够自动获取上述关系;而逻辑数据关联关系中包含的多重联系使数据之间的关系变得复杂多样,在描述时如果不显式地指定所使用的数据之间的具体关系,工作流系统在处理时将会出现错误,可能导致无法预期的后果。因此,概念数据关联关系中不需要包含逻辑数据之间的单重联系,而只需要包含逻辑数据之间的多重联系。

概念数据关联关系是呈现给流程建模人员作为数据描述的依据,为简化数据描述的复杂性,需要向流程建模人员提供概念数据关联关系的最小约简。所谓最小约简是在保持数据关系总体描述能力不变的条件下,剔除数据之间冗余的关联关系后,所得到的具有最简关联关系的集合。

逻辑数据关联关系集合中虽然只含有单重联系,但它却能够表示逻辑数据之间非常复杂的关联关系,例如,数据之间具有多条查询路径,或者只有一条查询路径、但路径较长的情况。如果简单地将逻辑数据之间的关联关系映射到概念数据关联关系上呈现给流程建模人员，那么由流程建模人员在众多的查询路径中进行选取将是一项复杂的工作，因此需要对逻辑数据之间的关联联系进行约简，过滤冗余关系，提取面向业务语义的数据描述所需的逻辑数据之间关联关系的最小约简，映射到概念空间作为概念数据之间的关联关系呈现给流程建模人员。

为了较为清楚地描述逻辑数据关联关系 LR 的约简过程，引入无向无环图 $G = (V,E)$ 的概念，其中 V（或 $V(G)$）表示非空的顶点集，E（或 $E(G)$）是由 V 中的点组成的无序点对构成的边集。从 G 中的某个顶点 u 出发，到 v 结束，形成 $u - v$ 链 W，如果 W 链中没有重复顶点，称 $u - v$ 为一条路。

现用图 G 来表示数据之间的关联关系，$u,v \in V$ 表示数据，$e \in E$ 表示数据之间的关系，u,v 之间的每一条路代表数据之间的一条查询路径。如果数据 $d_i | \rightarrow d_j$，那么 G 中 d_i 与 d_j 之间存在唯一的一条路，由 d_i 和 d_j 构成的图 G 就退化为一棵线性树；如果数据 $d_i | | \rightarrow d_j$，表示 G 中 d_i 与 d_j 之间至少存在两条路。无环无向图 G 支持并运算，对于图 G_1 和 G_2 来说，它们的并图 $G_1 \cup G_2 = (V(G_1) \cup V(G_2), E(G_1) \cup E(G_2))$。

定义 $5.3 - 5$【可约简规则】对于任意数据 $d_i, d_j, d_k \in LDATA$，$i \neq j \neq k$：

（1）如果无向无环图 G 表示 $d_i | \rightarrow d_k$，G_1 表示 $d_i | \rightarrow d_j$，G_2 表示 $d_j | \rightarrow d_k$，且 $G_1 \cup G_2 = G$，那么称 $d_i | \rightarrow d_k$ 在 LR 中是可约简的；

（2）如果无向无环图 G 表示 $d_i | | \rightarrow d_k$，G_1 表示 $d_i | \rightarrow d_j$，G_2 表示 $d_j | | \rightarrow d_k$，且 $G_1 \cup G_2 = G$，那么称 $d_i | | \rightarrow d_k$ 在 LR 中是可约简的；

（3）如果无向无环图 G 表示 $d_i | | \rightarrow d_k$，G_1 表示 $d_i | | \rightarrow d_j$，G_2 表示 $d_j | | \rightarrow d_k$，且 $G_1 \cup G_2 = G$，那么称 $d_i | | \rightarrow d_k$ 在 LR 中是可约简的。

使用定义 $5.3 - 5$ 对逻辑数据关联关系进行约简，直至得到最小约简，将其映射到概念空间，便形成了数据源概念描述。以图 20 所示的数据关联关系 LR_1 为例，其中，$LR_1 = \{d_1 | \rightarrow d_2, d_2 | \rightarrow d_3, d_3 | \rightarrow d_5, d_2 | \rightarrow d_4, d_4 | \rightarrow d_5, d_5 | \rightarrow d_6, d_6 | \rightarrow d_8, d_5 | \rightarrow d_7, d_7 | \rightarrow d_8, \}$。

Step1 在描述 d_1 与 d_2、d_3、d_4，d_2 与 d_3、d_4，d_3 与 d_5、d_6、d_7，d_4 与 d_5、d_6、d_7，d_5 与 d_6、d_7，d_6 与 d_8，d_7 与 d_8 之间的关联关系时，由于 $d_i (1 \leq i < 8)$ 与 $d_j (i < j \leq$

8)之间具有单重联系,根据可约简规则(1)可知,只需描述根据数据 d_i 访问 d_j,无须指定 $d_i - d_j$ 路,经过约简得到:

$$LR'_1 = \{d_1 \mid\mid \rightarrow d_5, d_1 \mid\mid \rightarrow d_6, d_1 \mid\mid \rightarrow d_7, d_1 \mid\mid \rightarrow d_8,$$

$$d_2 \mid\mid \rightarrow d_5, d_2 \mid\mid \rightarrow d_6, d_2 \mid\mid \rightarrow d_7, d_2 \mid\mid \rightarrow d_8,$$

$$d_3 \mid\mid \rightarrow d_8, d_4 \mid\mid \rightarrow d_8, d_5 \mid\mid \rightarrow d_8\}$$

Step2 LR'_1 中由于 d_1 与 d_5、d_6、d_7、d_8,d_2 与 d_5、d_6、d_7、d_8,d_3 与 d_8,d_4 与 d_8,d_5 与 d_8 之间具有多重联系,且 $\{d_1 \mid\mid \rightarrow d_5\} = \{d_2 \mid\mid \rightarrow d_5\} + \{d_1 \mid \rightarrow d_2\}$,$\{d_1 \mid\mid \rightarrow d_6\} = \{d_2 \mid\mid \rightarrow d_6\} + \{d_1 \mid \rightarrow d_2\}$,$\{d_1 \mid\mid \rightarrow d_7\} = \{d_2 \mid\mid \rightarrow d_7\} + \{d_1 \mid \rightarrow d_2\}$,$\{d_1 \mid\mid \rightarrow d_8\} = \{d_2 \mid\mid \rightarrow d_8\} + \{d_1 \mid \rightarrow d_2\}$,$\{d_2 \mid\mid \rightarrow d_6\} = \{d_2 \mid\mid \rightarrow d_5\} + \{d_5 \mid \rightarrow d_6\}$,$\{d_2 \mid\mid \rightarrow d_7\} = \{d_2 \mid\mid \rightarrow d_5\} + \{d_5 \mid \rightarrow d_7\}$,$\{d_3 \mid\mid \rightarrow d_8\} = \{d_3 \mid\mid \rightarrow d_5\} + \{d_5 \mid \rightarrow d_8\}$,$\{d_4 \mid\mid \rightarrow d_8\} = \{d_4 \mid\mid \rightarrow d_5\} + \{d_5 \mid \rightarrow d_8\}$,根据可约简规则(2)可知,$d_1 \mid\mid \rightarrow d_5$、$d_1 \mid\mid \rightarrow d_6$、$d_1 \mid\mid \rightarrow d_7$、$d_1 \mid\mid \rightarrow d_8$、$d_2 \mid\mid \rightarrow d_6$、$d_2 \mid\mid \rightarrow d_7$、$d_3 \mid\mid \rightarrow d_8$、$d_4 \mid\mid \rightarrow d_8$ 是可约简的,约简后形成逻辑数据关联关系 $LR''_1 = \{d_2 \mid\mid \rightarrow d_5, d_2 \mid\mid \rightarrow d_8, d_5 \mid\mid \rightarrow d_8\}$。

Step3 LR''_1 中由于 $\{d_2 \mid\mid \rightarrow d_8\} = \{d_2 \mid\mid \rightarrow d_5\} + \{d_5 \mid\mid \rightarrow d_8\}$,根据可约简规则(3)可知,$d_2 \mid\mid \rightarrow d_8$ 是可约简的,约简后得到逻辑数据关系的最小约简 $LR'''_1 = \{d_2 \mid\mid \rightarrow d_5, d_5 \mid\mid \rightarrow d_8\}$,$LR'''_1$ 便是数据源逻辑描述映射到概念空间所形成的数据源概念描述 CR_1,即 $CR_1 = LR'''_1$。

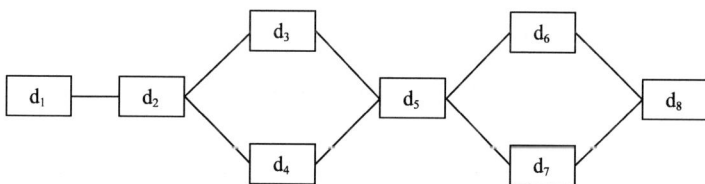

图20　逻辑数据关系图

数据源逻辑描述经过 ψ 映射后,形成概念数据空间上的数据源概念描述。数据源概念描述涵盖了数据源中允许外界访问的属性数据及其关联关系在概念空间中的投影,它过滤了逻辑数据的属性特征及数据之间的单重联系,并对逻辑数据之间的多重联系进行约简,为概念空间提供简约清晰的数据关联关系。

5.3.2 统一数据描述

统一数据描述要求对不同的数据依赖关系使用相同的方法进行描述。由数据模型(图18)可知,活动数据分为控制数据、步骤数据和工具数据三种,数据之间存在不同的依赖关系。

无论数据之间具体的依赖关系如何,数据依赖的本质是相同的,均指该数据与其源或目的数据之间按照一定规则所进行的转换,因此可以采用统一的方法对工作流中的数据进行描述。统一数据描述可形式化表示如下:

$$\forall\, d_1 \in D_A(i),\quad d_2 \in D_\Omega(i) \quad \Rightarrow d_1\, \Re\, d_2 \qquad\qquad (3)$$

1) d_1 表示活动 i 上的数据。

2) d_2 表示活动数据 d_1 的来源或目的数据(序列)。

3) $D_\Omega(i)$ 表示活动 i 的活动数据的来源或目的数据集, $D_\Omega(i) \subseteq D_C(i) \cup D_S(i) \cup D_T(i) \cup D_E(i) \cup D_C(\bullet i) \cup D_C(i\bullet)$。其中, $D_E(i) = \bigcup\limits_{j=1}^{k} CDATA_j$ 表示活动 i 所要访问的 k 个数据源概念数据集; $D_C(\bullet i)$ 表示活动 i 的前驱活动的控制数据集,如果活动 i 没有前驱活动,那么 $D_C(\bullet i) = \phi$; $D_C(i\bullet)$ 表示活动 i 的后继活动的控制数据集,如果 i 没有后继活动,那么 $D_C(i\bullet) = \phi$ 。

4) $\Re$ 表示数据 d_1 与其来源或目的数据(序列) d_2 之间的依赖关系。

$\Re$ 表示内部数据依赖关系,当且仅当 d_1 和 d_2 均属于活动数据,可描述为:

$$\Re \in \Re_{IN} \Leftrightarrow d_1 \in D_C(i) \wedge d_2 \in D_S(i) \cup D_C(\bullet i) \cup D_C(i\bullet)$$
$$\vee\ d_1 \in D_S(i) \wedge d_2 \in D_C(i) \cup D_T(i)$$
$$\vee\ d_1 \in D_T(i) \wedge d_2 \in D_S(i)$$

$\Re$ 表示外部数据依赖关系,当且仅当 d_2 为数据源数据,可描述为:

$$\Re \in \Re_{OUT} \Leftrightarrow d_1 \in D_C(i) \cup D_S(i) \cup D_T(i) \wedge d_2 \in D_E(i)$$

对于 d_1 和 d_2 的其他取值范围, $\Re$ 表示无效的数据依赖关系。

数据依赖关系指明工作流中数据按照何种条件进行何种操作可以与其来源或目的数据(序列)进行转化,因此数据依赖关系需要包含访问类型和访问条件。数据依赖关系 $\Re$ 可描述为:

$$\Re = (DataNode, Type, Cond) \tag{4}$$

1）$DataNode$ 表示所要访问的数据节点标识。对内部数据依赖关系来说，该属性为空；对外部数据依赖关系来说，该属性为数据源标识 $DsCId$。

2）$Type$ 表示操作类型。对内部数据依赖关系而言，操作类型可以取值 Get 和 Put；对外部数据依赖关系而言，$Type \in COP$。当 $Type$ 取值 Get 时，R 表示数据与其源数据（序列）之间的数据依赖关系，当 $Type$ 取其他值时，R 表示数据与其目的数据（序列）之间的数据依赖关系。

3）$Cond$ 指明依赖关系所要满足的访问条件，如果数据之间具有多重联系，需要给出所使用的查询路径的路由信息。

由统一数据描述公式及数据依赖关系公式可知，统一数据描述包含五项内容（如表 1 所示）。

表 1　统一数据描述

数据	数据节点	源或目的数据（序列）	操作类型	访问条件
wfd	datanode	data	type	cond

5.3.3　数据描述方法

流程建模人员针对概念空间提出数据描述，概念空间由一系列的概念数据实体组成，概念数据实体指概念空间上流程建模人员所能看到的、具有自然语义的数据实体，包含控制数据、步骤数据、工具数据和数据源数据。其中控制数据、工具数据由流程建模人员在概念空间进行定义；工具数据在流程建模人员指定步骤所使用的业务处理工具后确定下来，该数据是业务处理工具提供的接口数据；数据源数据是数据源描述后生成的数据源概念描述中的概念数据，它们在数据描述前已经确定下来。由于概念空间中的控制数据和步骤数据在流程建模时定义，流程建模人员可以对其进行修改，而工具数据和数据源数据由业务处理工具和数据源概念描述提供，流程建模人员无权修改，只需描述它们的访问规则。

（1）概念数据实体的建立与描述。

在实现面向业务语义的统一数据描述之前，需要以上述数据源描述策略和统一数据描述规范为基础,建立概念空间上的概念数据实体。概念数据实体的建立包含两个阶段。

1)建立业务流程所要访问的数据源的描述。由数据源管理人员基于数据源描述策略对数据源进行描述,生成数据源概念描述,提供给流程建模工具。

2)定义概念空间上的概念数据实体。定义活动所使用的控制数据,在确定活动包含的步骤之后,定义各步骤所使用的步骤数据;选定各步骤所使用的业务处理工具后,工具数据随之确定下来,至此概念空间上的概念数据实体建立完毕。

上述阶段是实现面向业务语义的统一数据描述的基础,具备上述内容后,流程建模人员便可以遵循统一数据描述规范对数据进行描述。

1)选定所要描述的活动 i 的活动数据 $d_1 \in D_A(i)$。

2)指定数据 d_1 的来源或目的数据 d_2 所在的数据节点 $DataNode$,如果 $DataNode$ 为数据源标识,那么它表示数据 d_1 与其来源或目的数据之间为外部数据依赖关系,否则为内部数据依赖关系。

3)指定数据节点 $DataNode$ 上的数据(序列) d_2,将其作为数据 d_1 的来源或目的数据(序列)。

4)在数据(序列) d_2 允许的操作范围内,指定对数据 d_2 的操作。如果数据节点 $DataNode$ 为空,那么数据 d_2 表示工作流中的数据,其允许的操作 $Type$ 为 $\{Get, Put\}$;如果数据节点 $DataNode$ 为数据源,那么数据 d_2 表示数据源概念描述中的概念数据(序列),其允许的操作 $Type$ 由数据源概念描述中该数据(序列)的操作类型 COP 确定。如果指定的操作类型 $Type$ 为 Get,表示数据(序列) d_2 为数据 d_1 的来源数据;如果指定的操作类型 $Type$ 为 $OP - \{Get\}$,表示数据(序列) d_2 为数据 d_1 的目的数据。

5)定义数据 d_1 与其来源或目的数据 d_2 之间的访问条件。如果数据 d_1 与其来源或目的数据之间的依赖关系为内部数据依赖关系,那么访问条件 $Cond$ 就是一个逻辑表达式,表示数据 d_1 与其来源或目的数据 d_2 之间的转换关系;如果数据 d_1 与其来源或目的数据之间的依赖关系为外部数据依赖关系,那么访问条件 $Cond$ 需要根据数据源概念描述中的概念数据之间的关联关系来确定。

5.3.3.2　面向业务语义的体现

由于数据源可能不完全属于工作流系统的组成部分,而是在工作流系统之外独立发挥作用,工作流系统只是引用、参考或修改其中的数据,这样工作流系统就不具备对数据源进行完全控制的权限,无法对原有物理数据源的结构进行修改,从而也就无法建立方便工作流系统使用的数据源描述。

传统的工作流系统中,为了支持外部数据依赖关系的描述,多数采用像 Panta Rhei 系统的方法在数据源物理结构的基础上建立数据源描述,这种方式要求流程建模人员在描述数据源数据时,必须指定数据源中物理数据之间的关联关系。例如,人员管理数据源 ds 中包含人员信息和部门信息两个物理表,分别描述员工和部门的基本信息,两个物理表通过部门编号字段建立关联关系。现在要获取人员所在的部门名称,流程建模人员就需要描述人员到部门名称的查询路径"员工信息表. 部门编号 = 部门信息表. 部门编号",否则传统工作流系统中的数据处理模块无法正确解析,会引起访问错误。但是数据源中数据的物理结构,以及关联关系不属于业务人员的知识结构范畴,如果将上述内容暴露给业务人员,那么不仅将系统中业务层面的内容和技术层面的内容混在一起,而且使得流程建模必须依赖于技术人员,这样就产生技术人员参与业务管理、削弱业务人员管理权限的问题。

本章采用映射机制对数据源进行描述,过滤其中冗余的数据关联关系,映射到概念空间形成数据源概念描述,提供给流程建模工具。流程建模人员根据数据源概念描述进行数据描述时,如果流程建模工具显示数据之间关联关系的无向图,说明指定的数据之间具有多重联系,无向图中指定的数据之间存在多条查询路径,每条查询路径所经过的顶点和边向流程建模人员指明了上述数据之间关联关系的路由信息,该路由信息便是流程建模人员在数据描述时需要指定的;如果数据描述时,流程建模工具没有显示数据之间关联关系的无向图,那么说明指定的数据之间具有单重联系,数据访问时工作流系统会根据数据源逻辑描述自动确定上述关系,流程建模人员无需提供任何信息。这种方式使流程建模人员能够以直观的方式清晰地获知数据之间的查询路径,以及每条查询路径的路由信息,不需要事先了解数据源的物理结构及数据关联关系,从而实现面向业务语义的数据描述。

引入数据源概念描述可以隐藏数据源数据的物理结构,以及关联关系,同时带来两方面的好处：一方面数据源仍以各自原有的形态独立存在，具有高度的自治性，数据源的结构变化一定程度上可以屏蔽在数据源逻辑描述内部，不会对所构建的工作流产生影响，即使数据源的结构变化带来数据源概念描述的改变，也只是影响工作流程中部分数据源数据的操作，不会对整个工作流产生较大的影响，这种方式不仅保证了工作流与数据源的相对独立性，而且能够有效的避免数据源物理结构的外露，保护数据源的安全；另一方面数据源概念描述为业务人员提供了一致的数据视图，流程建模人员勿需关心数据源的物理结构、数据相关性，以及数据的查询路径等内容，只需在概念数据空间上以业务人员能够理解的方式对概念数据实体进行统一描述，从而实现流程描述与数据描述的分离及业务人员与技术人员职责的分离。

5.4 数据的透明访问与动态集成机制

流程执行过程中工作流系统对概念空间中概念数据之间的依赖关系进行处理，将其转化为逻辑空间上的逻辑数据，根据逻辑数据描述实现对物理数据的透明访问与动态集成。

5.4.1 数据源概念描述到逻辑描述的映射

建模阶段流程建模人员针对概念空间提出数据描述，执行阶段工作流系统根据数据描述将概念空间上的概念数据访问转化为对逻辑数据的访问，该过程 δ 是逻辑数据映射到概念空间上数据源概念描述的逆过程。δ 包含三类映射：数据源标识的映射、概念数据集到逻辑数据集的映射以及概念数据关联关系到逻辑数据关联关系的映射。

1）数据源标识的映射。表示数据源概念描述中的数据源标识到数据源逻辑描述中数据源标识的映射。

2）概念数据集到逻辑数据集的映射 $\xi^{-1}:CD \rightarrow LD$，对于 $\forall c \in CDATA$，必定 $\exists a \in LDATA$，满足 $\xi^{-1}(c) = a$；对于 $\forall c, \tilde{c} \in CDATA$，$a, \tilde{a} \in LDATA$，$\xi^{-1}(c) = a$，

$\xi^{-1}(\tilde{c}) = \tilde{a}$，如果 $a = \tilde{a}$，必有 $c = \tilde{c}$。

3）概念数据关联关系到逻辑数据关联关系的映射同逻辑数据关联关系到概念数据关联关系的映射一样，是一个复杂的过程。该类映射分为两种情况。

对于 $a, \tilde{a} \in LDATA$，$c, \tilde{c} \in CDATA$，$\xi(a) = c$，$\xi(\tilde{a}) = \tilde{c}$，如果：

①流程建模人员没有为指定的概念数据之间的关联关系提供任何路由信息，那么说明 $a \mid \rightarrow \tilde{a}$，$a$ 与 $\tilde{a}$ 之间的查询路径是唯一的，数据访问时工作流系统在逻辑数据关联关系中循环查找便能够确定该查询路径。

②流程建模人员为指定的概念数据之间的关联关系提供了路由信息，那么说明 $a \mid\mid \rightarrow \tilde{a}$，$a$ 与 $\tilde{a}$ 之间的查询路径存在多种可能，此时需要借助于流程建模人员提供的路由信息来确定所使用的查询路径。具体做法是在逻辑数据 a 与 $\tilde{a}$ 之间的每条查询路径上查找流程建模人员提供的路由信息，直到找到为止，整个查找过程中形成的路经便是二者之间的查询路径。

5.4.2 透明访问与动态集成方法

工作流中数据的透明访问与动态集成由数据访问代理（Data Access Agent, DAA）实现。数据访问代理是一个通用的数据源访问封装器，具有标准的输入输出接口，它以服务的形式驻留在每个物理节点上，主要负责处理物理节点上的数据源请求。服务请求按照统一数据描述规范的格式通过输入接口传递给数据访问代理，经过 δ 映射后生成数据源的操作语句并实现访问，最终将访问结果转化成统一的符合格式要求的结构化数据进行输出。

数据访问代理与现有的数据访问组件最大的区别在于数据访问代理输入接口接收的不是传统的数据源操作语句，而是脱离所有数据源表示方法和操作语言、遵循统一数据描述规范的服务请求。在外部看来，数据访问代理就像一个黑盒，将概念空间上的概念数据映射到数据源物理数据上，并实现对数据源的访问，最后将访问结果再映射回到概念空间。

数据访问代理的作用有两方面：一方面是它能够接受访问输入条件，并将其转化为对数据源进行访问的语句；另一方面是它所提供的数据内容，能够将异构数据源中具有不同格式的数据进行包装提取，生成统一的结构化数据。

5.5　应用实例

图 21 描述专业技术职务申报流程访问多个数据源,提出申请活动 act_1 从人事部门、科研部门和教务部门数据源中获取申请人的相关信息;自动邮件通知活动 act_5 从公共服务部门数据源获取服务邮箱;归档活动 act_8 将申请记录写入职称申报档案库;其余活动访问本地数据源。

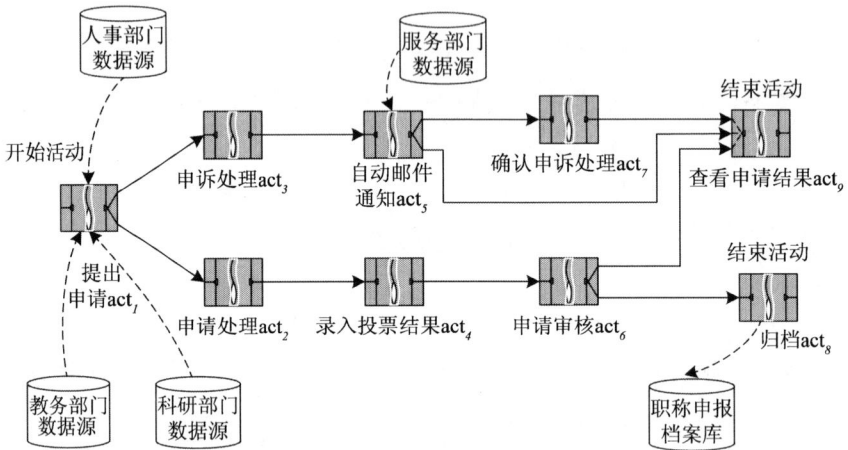

图 21　专业技术职务申报流程

本节以提出申请活动 act_1 中工具数据字段简历的描述为例,来说明面向业务语义的统一数据描述及访问机制。数据字段简历来源于人事部门数据源中的工作学习简历,包括起始时间、终止时间,以及工作单位或学校,访问条件是职工号 = BY03061,并将结果按照升序进行排列。

5.5.1　人事部门数据源描述

人事部门数据源记录职工的基本信息,包含职工的人员信息、学习简历、工作简历和学术兼职情况,其结构关系如图 22 所示,该数据源共有四张表,其中人员信息表和学习简历表、工作简历表,以及学术兼职表之间通过职工号建立关联关系。

本节实例仅说明数据之间具有单重联系的情况,多重联系的情况暂略。

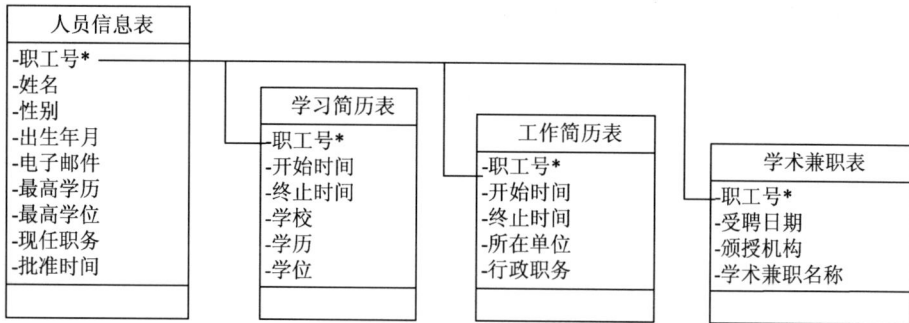

图22　人事部门数据源结构图

使用图19所示的数据源描述策略对数据源进行描述,生成的人事部门数据源逻辑描述包含数据源标识"001"、数据源名称"人事部门数据源"、所部署的节点机的IP地址"192.168.48.10"、数据源类型"MySQL"、访问的用户名"admin"和密码"admin"、所拥有的"人员信息表、学习简历表、工作简历表和学术兼职表"、上述每个表所具有的数据字段名称,以及每个字段的"R"权限。而生成的人事部门数据源概念描述包含数据源标识"001"、所拥有的数据字段名称,以及每个字段的"Get"权限。

5.5.2　实例数据描述

基于数据源概念描述对数据字段简历进行描述,步骤如下:

Step 1　选定提出申请活动上的工具数据:简历。

Step 2　选定简历数据的来源数据所在的数据节点:人事部门数据源。

Step 3　指定所要访问的人事部门数据源上的数据(序列):(学习开始时间,学习终止时间,学校)联合(工作开始时间,工作终止时间,所在单位)升序(学习开始时间)。

其中,联合、升序为流程建模工具提供的可以对访问结果进行组合排列的内置操作函数,分别表示对查询结果进行纵向叠加和升序排列。

Step 4　指定对数据源数据的操作类型:Get。

Step 5 定义访问人事部门数据源的条件:职工号 ="BY03061"。

描述完成后,工具数据与外部数据源数据之间建立起映射关系,如图 23 所示。其中工作证号为工具内部数据;工具数据集中的"姓名"字段值来自人员信息表中的"姓名"字段值;工具数据集中的"性别"字段值来自人员信息表中的"性别"字段值;工具数据集中的"简历"字段值来自学习简历表中的"开始时间""终止时间""学校"和工作简历表中的"开始时间""终止时间""所在单位"字段值;工具数据集中的"学术兼职"字段值来自学术兼职表中的"受聘日期""颁授机构"和"学术兼职名称"字段值。

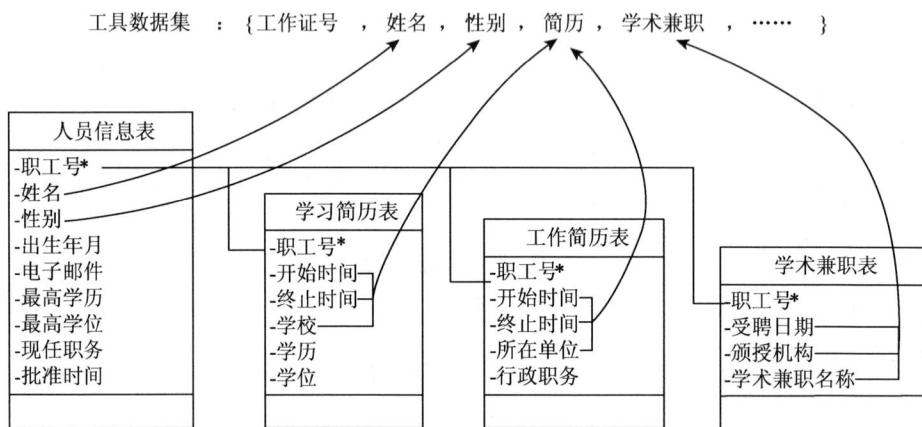

图 23   实例描述结果

如果使用像 Panta Rhei 系统中的基于数据源物理结构的方法对数据字段简历进行描述,产生的结果有两处明显不同。

1)在 Step 3 指定简历数据的来源数据(序列)时,还要指定该数据(序列)来源于哪个表,即需要描述:

学习简历表. 开始时间,学习简历表. 终止时间,学习简历表. 学校,联合(工作简历表. 开始时间,工作简历表. 终止时间,工作简历表. 所在单位)升序(学习简历表. 开始时间)。

2)在 Step 5 定义访问条件时需要指定数据的查询路径,即需要描述:

职工号 ="BY03061"&& 人员信息表. 职工号 =学习简历表. 职工号 && 人员

信息表.职工号＝工作简历表.职工号。

上述基于数据源物理结构的数据描述,要求流程建模人员不仅能够完全掌握所要访问的数据源的物理结构,而且能够严格定义出数据之间的关联关系,任何失误都会导致数据源访问异常。而基于上述数据源概念描述对数据字段简历进行描述,流程建模人员不需要了解人事部门数据源的物理结构,以及查询路径,只需要在概念空间内按照统一的规范进行描述即可,数据之间的查询路径由工作流系统自动进行解析处理。该方式不仅避免由流程建模人员失误而导致的数据源访问错误,而且实现了业务人员和技术人员的职责分离。

5.5.3 实例数据访问

流程执行阶段,工作流引擎根据数据字段简历的描述生成对数据访问代理的访问请求,由数据访问代理实现对数据源的操作,并返回处理结果。数据访问代理的输入请求是概念空间上所定义的数据字段简历的描述,见5.5.2节步骤(2)～(5)中定义的内容。

如果使用像 Panta Rhei 系统中的基于数据源物理结构的方法对数据字段简历进行描述,那么数据处理阶段产生的是与数据源操作语言的相关的输入请求。这样一来,每种类型的数据源都需要一个数据处理模块,不仅增加了系统的开发成本,而且增加了系统的管理代价。

5.6　实例分析

上述实验表明使用面向业务语义的统一数据描述可以屏蔽数据源物理属性和技术细节,简化数据描述,降低流程和数据之间的耦合度。各类数据源的访问统一由数据访问代理进行处理,实现了数据处理与流程处理的分离,以及数据的透明访问与动态集成。与已有的数据管理方法相比,基于数据源概念描述的面向业务语义的统一数据管理方法具有以下优点:

1)实现面向业务语义的数据描述。数据源概念描述为流程建模提供了抽象的数据视图,它屏蔽了数据源的技术内涵,使流程建模人员在不了解数据源相关技术的情况下即可完成业务语义层面的流程建模,从而避免技术人员过多地介入到企事业单位的业务管理中。而基于数据源物理结构的数据描述方式将业务和技术混在一起,流程建模人员必须了解数据源相关技术才能完成数据的描述。

2)提供通用的数据描述和访问机制。建模阶段基于数据源概念描述生成满足数据描述规范的依赖关系,执行阶段对数据采用统一的方法进行处理,简化了工作流系统中数据的描述和访问机制。现有的数据描述和访问方法[68, 70, 72, 74, 75, 82, 98]针对不同数据源采用不同的描述和访问方法,没有提供统一的数据管理方式。

3)实现业务流程描述与物理数据描述的分离,业务流程处理与数据处理的分离。将数据管理从业务逻辑中独立出来,在业务层增加抽象的概念数据实体,不仅可以使流程建模人员专注于业务语义层面的的数据描述,而且简化了数据的访问,使工作流管理系统的层次结构更为清晰。商业产品[68, 70, 72, 74, 75, 82, 98]和 Panta Rhei 系统分别使用特殊组件和专用的数据访问插件实现了流程处理与数据处理的分离。前者不支持外部数据描述,后者的外部数据描述建立在物理数据基础上,无法实现流程描述与数据描述的分离。

4)屏蔽异构数据源之间的差异,实现数据的透明访问。数据源概念描述使用统一方式对数据源逻辑特性进行描述,为业务流程提供一致的数据视图;数据访问代理将数据源物理属性信息封装在其内部,对外隔离了数据访问的处理细节,从而实现数据的透明访问。Panta Rhei 系统虽然也实现了数据的透明访问,但该系统将数据源的物理属性暴露给工作流引擎,工作流引擎需要处理不同数据源之间存储格式,以及数据结构等的差异,增加了工作流系统的复杂性,同时也降低了系统的灵活性。

5)柔性的数据管理。数据描述取决于数据源概念描述,与数据源物理结构无关。当数据源物理结构发生变化而概念描述没有改变,如数据源位置、名称,以及访问用户或者数据之间的单重联系发生改变时,数据描述及处理不会受到任何影响,从而使数据管理具有一定的柔性。Panta Rhei 系统中数据描述依赖于数据源的物理结构,数据源物理属性的任何变化都会对数据描述产生影响。

6)提供数据动态集成的方法和手段,实现跨组织、多数据源数据的无缝结合。

采用数据源概念描述对各种数据源进行统一描述和处理,不仅可以将各种信息有效地集成起来加以利用,而且消除了信息孤岛,使得工作流系统在传统业务流程处理的基础上,具有强大的业务协同能力。多数工作流系统都能够实现数据的集成,但文献[68, 70, 72, 74, 75, 82, 98]在任务初始化或结束后进行集成,不支持任务处理过程中数据的动态集成。

7)增强了工作流管理系统的灵活性和可扩展性。数据源概念描述对数据源物理特性进行封装,不仅隐藏了数据源物理属性变化对业务流程的影响,而且降低了业务流程与数据之间的耦合,从而提高了工作流系统的灵活性和扩展性。

面向业务语义的统一数据描述及访问机制将数据管理从业务流程管理中独立并抽象出来,实现业务逻辑和数据处理的分离,以及异构数据源的透明访问,为跨组织的动态数据集成奠定了基础,提高了工作流系统的灵活性和柔性。

第六章　业务处理工具接口

统一数据管理为面向业务语义的各类数据提供了一致的表示和处理方式,这些数据是需要业务人员进行描述的。但是,在形态千变万化的工作流应用中,还有一些不需要业务人员描述但与业务处理息息相关的应用数据,要想对这些数据进行统一的表示往往不遂人意[141]。因为应用数据往往与特定的业务处理工具相关,不同的业务处理工具可能具有不同的应用逻辑,以及数据表达方式和处理手段。为了将业务人员处理过的应用数据反馈给工作流核心系统并保持应用数据自身的特性,需要建立业务处理工具与工作流核心系统之间标准的接口规范,以提供必要的关联手段将应用数据与工作流数据联结在一起,从而保证业务处理结果可以实时反馈给工作流核心系统。

6.1　业务处理工具的功能地位

以面向业务语义的可演化工作流模型为核心的工作流描述框架,在应用集成需求越来越强烈的今天,以其灵活性、可配置性,以及对业务的高度抽象能力等优点逐渐得到大家的广泛认可。然而,工作流作为对业务流程的高层逻辑描述,在屏蔽了实现细节的同时,仍然无法脱离这些细节而存在,这一问题在集成过程中表现的尤为重要[142]。如何将这些变化的细节有机整合起来进行统一管理,是工作流描述框架需要解决的问题之一。截至目前,不少学者从结构模型[142]、动态工作流架构[143]、权限控制[144]、时间约束[145]、异常处理[146]等多个角度对工作流技术进行了研究,但这些研究多集中在流程集成层面业务逻辑的控制问题上,而对于活动集成层面应用逻辑的控制问题缺乏深入的讨论。应用逻辑控制依赖于业务处理工具的实现,作为面向业务语义的工作流描述所需的独立的业务要素,它不仅需要屏蔽底层物理资源,而且需要为工作流描述提供一致的接口规范。

工作流通过解决各活动之间的数据、时序、资源等方面的协同共享及约束控制,规范活动的有序执行,实现流程集成层面的业务逻辑控制。业务活动可以进一步分解为具有顺序操作的处理步骤,每个处理步骤通过集成各种独立的业务处理工具以支持业务处理,实现活动集成层面透明化的应用逻辑控制。这个过程中,活动不但与每个步骤所使用的业务处理工具有着紧密的耦合关系,而且与业务流程之间也存在紧密的耦合关系。这种紧密耦合使得流程集成层面的业务逻辑与活动集成层面的应用逻辑混合在一起,导致活动,以及业务处理工具无法在不同的业务流程之间进行共享。更进一步地说,上述思想过于强调体现流转的业务逻辑控制,削弱了活动作为实现独立业务目标的主体地位,更忽略了活动与业务处理工具之间应用逻辑的统一控制,从而使得活动,以及业务处理工具无法脱离业务流程而独立存在。

实际上,作为具有独立功能的活动和业务处理工具,是不会随着业务流程的不同而产生功能上的变化,只会随着业务流程的上下文环境而产生输入/输出数据的区别。从这个角度讲,工作流不应该单纯是传统意义上的工作流转过程,而应该是一系列活动按照控制规则经过连接组装所形成的处理过程。这个过程中,如何分离流程集成层面的业务逻辑与活动集成层面的应用逻辑,将活动,以及业务处理工具独立出来,通过组装生成业务流程,使其具有松散的耦合关系,以增强资源的重用,降低开发和维护的代价,是面向业务语义的工作流描述中需要解决的关键问题。

6.2　对业务处理工具的要求

要实现面向业务语义的工作流模型中业务处理工具的无缝集成,构建灵活的业务流程关键在于建立流程层面与技术层面的交合点,以此将业务处理工具的应用逻辑从业务流程的业务逻辑中分离出来。首先,业务处理工具能够将应用对象及其逻辑关系封装在一起,具有完整的业务功能,以及独立的交互接口、可独立运行,这要求业务处理工具具有一定的独立性,能够在没有外界干预的情况下独立地完成业务处理任务。其次,业务处理工具能够在规则的驱动下对工作流集成环境作出反应,自主地适应上下文信息的变化。同时,规则的定义、部署、执行与维护独立于业务处理工具原有的计算代码,用户可以根据需要动态定制业务处理工具的行为,无须重新编写代码即可实现新的目标。这要求业务处理工具具有一定的自适应性,能够根据自身,以及外部环境的状态来调整自己的目标及行为[147]。上述要求说明业务处理工具应该是自主的[148],只有具备这种自主特征的业务处理工具才能够符合规模可伸缩、动态开放的工作流处理环境的要求。

6.2.1 动态语境依赖

在动态开放的工作流环境中,业务处理工具在接收到工作流系统传递的驱动命令以后,需要根据流程运行过程中的上下文信息,如流程实例的业务数据、对外界数据源的访问规则,以及运行结束后对工作流系统的影响等,对自身行为作出适应性的调整。这说明业务处理工具的运行期行为对实际的工作流环境具有一定的依赖性,这种依赖称为动态语境依赖。

业务处理工具的动态语境依赖主要体现在两方面:对工作流环境的依赖,以及对其他外界环境的依赖。以取消订单流程为例进行说明,该流程包含 5 个活动:查询订单状态活动 act_1、挂起订单活动 act_2、取消订单活动 act_3、退款活动 act_4 和通知活动 act_5(如图 24 所示)。对于未下单的订单可以直接取消,取消意味着订单处于无效状态;但对已付款的订单需要实施退款操作,该操作将从订单数据库中获取有效订单的回款记录,根据该记录进行退款操作,并修改订单状态为已退款;取消操作将结束对该订单的处理,订单变为无效状态。不同用户或者同一用户在不同时刻查询订单看到的订单列表可能是不同的,这是因为多次订单查询属于不同的流程实例,不同流程实例所处理的工作流数据字段的取值可能是不同的,这种情况属于业务处理工具对工作流环境的动态语境依赖。如果取消不同的订单,那么用户在调用业务处理工具进行处理时所看到的订单状态可能是不同的,原因是要取消的订单可能经过了不同的处理,如退款后取消或挂起后取消,导致订单数据源中保留的订单状态是不同的,从而在取消订单时用户从订单数据源中取得的订单状态是不同的,这种情况属于业务处理工具对工作流之外的订单数据源的动态语境依赖。

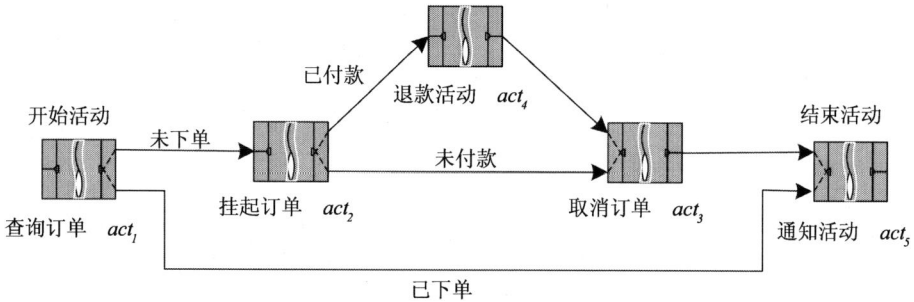

图24　取消订单流程

无论业务处理工具对环境的依赖属于上述哪一种,均会对业务处理工具在工作流上下文环境中的信息处理产生影响,使业务处理工具在不同的工作流执行环境中呈现出不同的行为状态。因此,要实现业务处理工具与工作流间的无缝集成,必须将业务处理工具的实现与其对集成环境动态语境的依赖分离,将静态的具有独立性的功能,以及应用逻辑封装在业务处理工具的内部实现中,而将动态的依赖于外界的功能或逻辑留给业务处理工具的开放性接口。

6.2.2　开放性接口要求

工作流通过接口实现对业务处理工具的驱动,业务处理工具的接口设计是业务处理工具能否顺利地集成到工作流环境中的关键,因此开放什么样的接口不仅直接决定了业务处理工具所能提供的功能,而且决定了工作流与业务处理工具集成框架的优劣。为了明确到底需要开放哪些接口,必须对工作流集成环境的需求进行总结分析,以此对业务处理工具的接口进行有效的分类,该分类不仅要考虑工作流的集成要求,还要考虑工作流的运行特点。

根据工作流的运行特点,业务处理工具与工作流的集成可以分为流程建模阶段的集成和流程执行阶段的集成。建模阶段主要实现业务处理工具与活动步骤的绑定,规范其在上下文环境中的动作行为,使业务处理工具能够按照规定的方式运行;执行阶段根据建模阶段定制的业务处理工具行为准则,实现工具的动态加载和绑定,完成其对外界资源的访问衔接,并对工具的行为实施监控管理。可以说,建模阶段为业务处理工具的运行提供实例化配置,执行阶段按照实例化配置实现对业务处理工具动作行为的驱动。具体来讲,业务处理工具与工作流的集成需要开放以下几类接口。

(1)业务处理工具自描述接口。

欲实现业务处理工具与工作流环境的绑定,首先需要从业务处理工具库中选择合适的工具。由于业务处理工具是封装了软件处理工具、表单模板以及应用逻辑的独立实体,仅从这个实体的封装形式是无法判断给定的工具能否满足业务需求的。为了让用户在选择工具时,能够对工具的基本功能有个概括性的了解,故开放业务处理工具自描述接口 *--get-minimum-args*,该接口使用通俗易懂的自然语言提供有关业务处理工具的名称、类型(有界面还是无界面)、基本功能描述以及对集成环境要求的说明,作为工具选择的首要依据。

(2)业务处理工具预览接口。

业务处理工具的自描述接口使用自然语言描述工具的基本属性信息,一定程度上为用户提供了工具选择的依据,但是使用自然语言描述并不十分准确,一方面不同用户对自然语言的描述可能会产生不同的理解;另一方面当有功能较为相似、描述又比较接近的业务处理工具时,单纯根据自描述接口获取的属性信息是很难进行区分的。为此开放业务处理工具预览接口 *--preview*,允许工具以默认的方式启动,不为其注入任何初始数据,使其脱离外界环境的影响,只显示工具的界面内容、展现形式,以及计算逻辑,从而以一种直观的方式向用户展现业务处理工具的外在特性,便于用户准确地判断给定的工具是否满足要求。

(3)业务处理工具字段定位接口。

将业务处理工具集成到工作流环境中,需要配置工具与工作流环境,以及其他外界环境间的联系,以实现其与工作流环境或其他外界环境的交互,这种交互包含为工具提供初始化所需的启动数据,以及将工具的执行结果返回到工作流环境或其他外界环境中两方面。为了实现上述交互,需要在工具与工作流环境或其他外界环境之间建立数据交换的通道,使工作流数据字段能够与工具接口数据字段进行转换,从而实现工具与工作流环境以及其他外界环境间的数据交互。

由于工具接口数据字段与工具界面上显示的标签数据字段面向不同的用户,故它们隶属于不同的侧面,具有不同的命名空间,二者之间的联系封装在工具内部,并与工具的实现机制相关。二者可以具有直接的对应关系,即工具接口数据字段直接映射到界面标签数据字段上;也可以具有间接的对应关系,即工具接口数据字段经过逻辑运算后间接映射到界面标签数据上;还可以不具有任何对应关系,即工具接口数据字段只与工具的后台数据字段对应,与界面标签数据字段无任何关联。因此单凭工具接口数据字段描述是无法清楚地获知接口数据字段与界面标签数据字段之间的联系。为了准确地获知工具接口数据字段与界面标签数据字段之间的联系,便于工具进行实例化配置,需要工具提供接口数据字段定位功能,清晰地刻画工具接口数据字段是否对应界面标签数据字段,以及如何对应,因此需开放字段定位接口 --highlight,使工具能够在预览模式下以不同的颜色高亮显示工具接口数据字段与界面标签数据之间的对应关系,当工具接口数据字段与界面标签数据字段之间无对应关系时,需给出明确的指示说明。

(4)业务处理工具动态语境配置接口。

作为具有自主性和适应性的软件实体,业务处理工具的最大特点之一是其行为和目标可以根据自身,以及外界环境的状态进行调整,从而当集成到宿主环境工作流系统后,工具不但能够根据需要适时对自身行为作出调整,而且能够根据工作流环境的指示以完成特定的功能。这种适应性导致工具行为对工作流环境产生了上下文动态语境依赖关系。为了约束工具在工作流环境中的动作行为,使其较好地满足宿主环境的需要,故开放业务处理工具动态语境配置接口 --get-data I,用于获取业务处理工具输入接口数据字段,以及外部接口数据字段,从而可以在工具实例化配置过程中,能够依据宿主环境和外在环境的特征,对工具的初始数据、访问规则,以及行为准则进行配置,为工具提供运行期所需的数据内容,以此规范工具对工作流环境的依赖。

(5)业务处理工具持久化接口。

业务处理工具能够在没有外界干预的情况下独立完成任务,表明工具在执行任务时具有自身独立的运行空间,与宿主环境无关。这意味着工具的运行结果默认情况下是保存在自身的运行空间中,宿主环境要想取得运行结果,不仅需要提取保留在工具运行空间中的处理数据,而且需要获知这些数据的具体格式。考虑到运行空间的访问安全性,以及工具与宿主环境的技术独立性,原则上讲,不允许宿主环境直接访问工具的运行空间,反之亦然。为了将工具的运行结果反馈到工作流系统中,可以使用缓冲交换空间,将需要提取的工具运行结果映射到工作流数据上,因此需要开放工具持久化接口 --get-data O,用于获取业务处理工具输出接口数据字段,使得工具能够按照定制的方式建立工具输出结果与工作流数据之间的映射,从而可以将工具的处理结果永久性的记录到工作流系统中。

(6)业务处理工具执行接口。

业务处理工具集成到工作流系统,需要为工作流系统提供实例化的调用方式,使得工具能够在工作流运行节点上按照给定的参数条件启动执行,因此需要开放业务处理工具执行接口 --x,为工作流系统提供工具调用的方式和手段。

(7)业务处理工具数据访问接口。

业务处理工具在运行期间根据可能需要对外界环境中的数据源进行访问,不同的外界数据源可能具有不同的访问形式,以及数据格式。为了规范业务处理工具对不同数据源的访问,将工具对外界数据源的访问功能独立出来,形成标准的数据访问规范,作为工具访问外界数据源所需遵循的行为准则,故开放外界数据访问接口 --dba,通过标准的数据访问规范实现对外界异构数据源的访问。

(8)业务处理工具控制接口。

业务处理工具作为独立的软件实体,虽然它能够在没有外界干预的情况下独立地完成任务,但是当其集成到工作流环境中后,作为被工作流系统调用的实体服务,其行为必须接受宿主环境工作流系统的控制,否则业务处理工具将成为工作流系统中一匹脱缰的野马无法驾驭,这可能对工作流系统造成不可估量的危害。为此开放业务处理工具控制接口 --c,使工具在作为实体服务被工作流系统实例化过程中,能够接受工作流系统发出的控制指令,从而实现对运行期工具的状态控制,规范工具在工作流系统中的行为方式。

根据业务处理工具是否提供业务人员交互的接口,可以将业务处理工具分为有界面和无界面两种类型,不同类型的业务处理工具所接受指令不同。

1)有界面业务处理工具。有界面业务处理工具控制接口接受的基本指令包含提交、退出、退回、取消、暂存、重置六种,前四种指令会引起业务处理工具运行状态的结束,后两种指令不会引起业务处理工具运行状态的改变。其中,提交和退出所引起的结束属于业务处理工具运行状态的正常结束;退回和取消所引起的结束属于业务处理工具运行状态的非正常结束。

当收到提交指令时,业务处理工具将处理结果保存到其输出交换区中,并向工作流系统发出状态改变信号,并结束本次运行。

当收到退出指令时,业务处理工具将当前的工作状态保存到其输出交换区的临时映像中,如果该区已经存在临时映像,则删除所有临时映像后再进行保存,并向工作流系统发出状态改变信号,结束本次运行。

当收到退回指令时,业务处理工具本身不作处理而是将该指令返回给工作流系统,由工作流系统进行处理,结束本次运行。

当收到取消指令时,首先,确定此时业务处理工具的输出交换区中是否存在临时映像,如果存在,需要给出提示"是否需要保留已有的临时映像",由业务人员决定处理方式;其次,业务处理工具放弃本次调用以来进行的所有处理,结束本次运行。

当收到暂存指令时,业务处理工具将当前的运行状态,以及相关处理结果保存到其输出交换区的临时映像中,以备追踪和恢复,业务处理工具的运行状态不会发生改变。默认情况下,业务处理工具最多保留 5 次暂存结果。

当收到重置命令时,业务处理工具将清空本次调用以来作出的所有修改,使其回到本次调用的初始状态。

2)无界面业务处理工具。无界面业务处理工具控制接口接受的基本指令只有退出命令,属于运行状态的正常结束,它将处理结果保存到输出交换区中,结束本次运行。

3)所有业务处理工具。业务处理工具运行期间,脱离工作流系统环境,具有独立自主的控制权,但其运行又不能完全脱离工作流系统环境,需要接受工作流系统的管理和调度,并根据工作流系统的要求及时作出响应,因此工作流系统需要对所有业务处理工具进行运行控制。业务处理工具的运行控制主要指强行中止其运行状态,当其收到强行中止命令时,放弃本次调用以来所作的修改,结束运行。该功能与上面提到的有界面业务处理工具的无用户提示取消命令具有相同的功能,因此可以将强行中止命令视为无用户提示的取消命令。

有界面业务处理工具的强行中止由业务人员通过在任务管理器上选定任务点击强行中止菜单项,由任务管理器向运行中的业务处理工具发送强行中止命令实现;无界面业务处理工具的强行中止由工作流系统监控人员通过工作流系统监控工具向运行中的业务处理工具发送强行中止命令实现。

综合以上工作流系统与业务处理工具的集成需求,业务处理工具的接口包含8类,各类接口及其参数(如表2所示)。

表 2　业务处理工具接口

接口名称	接口命令	接口参数
自描述接口	--get-minimum-args	无
预览接口	--preview	无
字段定位接口	--highlight 数据字段名称	指定的接口数据字段名称
动态语境配置接口	--get-data I	①工作流数据与工具接口输入数据字段的映射关系集;②工具接口外部数据字段对外界数据源的访问依赖关系集
持久化接口	--get-data O	工具接口输出数据字段与工作流数据字段的映射关系集
执行接口	--x	①动态语境配置;②持久化配置;③运行空间
数据访问接口	--dba	标准化的外部数据访问命令
控制接口	--c 命令类型	命令类型,分为提交、退出、退回、取消、暂存、重置六种

6.3　基于业务处理工具的管理方式

业务处理工具是封装了软件工具、能够实现具体应用逻辑演算的独立功能模块,由于它本身无法处理诸如组织成员、节点控制等元素间的交互,从而无法提供对整个流程设计和复杂演变过程的控制。将业务处理工具集成到工作流环境中，业务处理工具负责完成活动节点上各步骤具体业务功能的处理，工作流主要完成对组织成员，以及节点控制等元素间的交互，确定业务活动之间的控制逻辑，指导业务处理工具的运转。二者结合不仅能够为工作流在业务层面提供灵活的可定制能力，而且能够在技术层面提供高效的扩展能力[87]，这也正是业务处理工具能够与工作流实现无缝集成的重要原因。

6.3.1　业务处理框架

在基于业务处理工具的工作流集成环境中，流程建模作为业务处理工具的动态集成方法，通过工作流扩展接口对业务处理工具的控制流、数据流，以及可利用资源进行描述，以规范业务处理工具运行期间的行为；业务流程作为业务处理工具的运行环境，根据流程描述完成业务处理工具的动态加载与绑定，实现对工具执行的控制，一旦业务处理工具被加载，工作流系统将按照指定的接口驱动工具完成对外界环境的交互。

基于业务处理工具的工作流集成框架由工作流系统、业务处理工具管理模块、业务处理工具库三部分组成（如图 25 所示），其中工作流系统提供了传统工作流系统具备的主要功能，包括业务流程的建模与维护、流程实例的监控与管理等。与传统工作流系统不同之处如下：

1）基于业务处理工具的工作流框架开放了一系列用来扩展的集成接口，这些接口会在工作流运行过程中的不同时刻被工作流系统所调用，通过这些接口，工作流系统能够有效地与业务处理工具进行交互。

2）业务处理工具管理模块实现业务处理工具在工作流环境中的部署与加载，其主要功能包括业务处理工具的选取、配置、执行，以及控制，工具管理模块是衔接工作流系统与业务处理工具的关键模块。

3）业务处理工具可以通过工具注册方式加入到业务处理工具库中，业务处理工具库对可插拔的软件工具实施管理，为工作流系统提供工具访问的统一库所。业务处理工具实现了工作流系统指定的开放性接口，能够在工作流系统运行期间动态地加载到工作流环境中，为用户提供业务处理所需的工具支持；同时将运行结果通过接口反馈给工作流环境,让业务处理工具在接口允许的范围内改变工作流的行为内容。

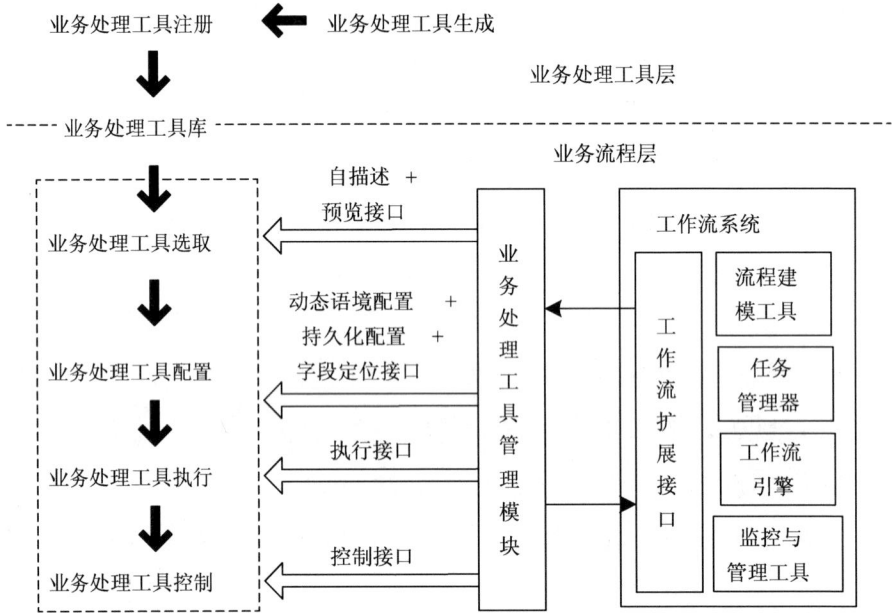

图 25　基于业务处理工具的工作流集成框架

6.3.2　业务处理工具管理方法

业务处理工具遵循一定的构造方法,其构造过程独立于工作流系统,且不为工作流系统所关心。对工作流系统来说,向业务处理工具库中注册的业务处理工具一定是最终的成品。从业务处理工具构造来看,它可能是原子的,也可能是经过组装连接而成的复合的,但这些对工作流系统来说是透明的,工作流系统只关心注册到业务处理工具库中的成品,并将其作为一个工具实施控制与管理。

业务处理工具库连接业务处理工具层与业务流程层,作为业务处理工具与业务流程的共享库所,允许业务处理工具以注册的方式加入进来,流程设计时可以对库中的业务处理工具进行遍历查询,工作流系统以业务处理工具库的遍历结果为依据对业务处理工具进行集成,具体集成过程如下。

Step1 流程建模工具对业务处理工具库进行遍历,通过业务处理工具自描述接口获取工具的基本属性和功能说明,并根据这些信息对业务处理工具进行初步筛选。

　　Step2 对于满足初步筛选结果的业务处理工具,流程建模工具通过业务处理工具预览接口以默认的方式启动运行,使用可视化的方式显示工具的界面内容、展现形式或者计算逻辑,作为业务处理工具选取的依据。

　　Step3 对选定的业务处理工具进行实例化配置:通过业务处理工具动态语境配置接口获取工具实例化过程中与工作流上下文环境,以及外界环境有约束控制关系的输入接口数据字段和外部接口数据字段,并建立其与工作流上下文环境中数据字段之间的依赖关系,同时为业务处理工具指定运行空间,以此规范业务处理工具启动,以及运行期间的动作行为。在这个过程中,流程建模工具可以通过业务处理工具字段定位接口查看工具输入接口数据字段和外部接口数据字段与界面标签数据字段之间存在的对应关系。

　　Step4 对选定的业务处理工具进行持久化配置:通过业务处理工具持久化接口获取工具运行结果所在的输出接口数据字段,并建立其与工作流上下文环境中数据字段之间的依赖关系,以此将工具的运行结果反馈给工作流环境。这个过程中,流程建模工具可以通过业务处理工具字段定位接口查看工具输出接口数据字段与界面标签数据字段之间存在的对应关系。

　　Step5 工作流引擎或者任务管理器按照业务处理工具的实例化配置要求,准备业务处理工具启动过程中所需的初始数据,并告知业务处理工具运行期间对外界环境的依赖关系、运行空间限制,以及处理结果持久化存储所需提取的数据内容,通过业务处理工具执行接口调用工具执行。工具运行过程中,其行为被限制在给定的运行空间内,除了接受业务处理工具控制接口的命令并进行响应之外,不受任何外在因素的影响,具有相对自主的管理能力。

　　Step6 业务处理工具运行结束正常退出后,将根据业务处理工具的持久化配置将其运行结果写回业务处理工具与工作流系统之间的交换缓冲空间,从而实现工具运行结果的持久化存储。

　　上述集成过程中,Step1～Step4 是在流程建模阶段实现的,主要实现业务处理工具的挑选,以及实例化配置;Step5～Step6 则是在流程执行阶段完成的,其主要任务是根据业务处理工具的实例化配置完成对工具的调用,以及处理结果的留存。

6.4 三层活动模型

业务处理工具集成到工作流中后,一个活动在逻辑上可以分为三层,即控制层、步骤层和工具层(如图 26 所示)。其中,控制层主要负责对活动前置条件和后置条件的处理,激活活动中的处理步骤并搜集步骤的处理结果,同时接收前驱活动的数据并将本活动的数据传递给后续活动。步骤层由一个或多个具有顺序关系的处理步骤组成,每个步骤关联唯一的一个业务处理工具,步骤具有独立可访问的数据字段集合,与控制层管理的活动数据字段,以及工具的接口数据字段之间可以进行输入/输出转换工具层由步骤层激发并由步骤层为其注入初始数据,一旦业务处理工具启动,它将独立管理,直至运行结束,业务处理工具才按照用户定制的方式将运行结果反馈给步骤层。

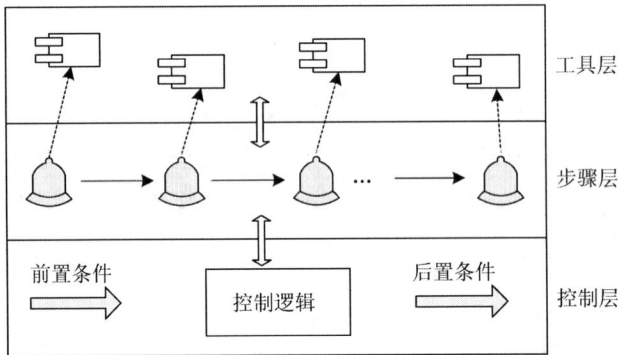

图 26 基于业务处理工具的三层工作流活动模型

从活动的角度看,业务处理工具实现了应用对象间耦合较为紧密的应用逻辑的封装,较好地隐藏了应用逻辑的实现细节,为业务处理人员提供具有标准接口的数据加工的软件实体。业务处理工具通过关联到活动的处理步骤而集成到工作流系统中,双方通过共同遵循的接口规范实现可插拔式的衔接。这种衔接方式不仅实现了流程业务逻辑与工具应用逻辑的分离,简化了工作流与业务处理工具的独立构造,而且为工作流提供了多样化的业务处理方式和手段。

在工作三层流活动模型中,工作流系统将依据活动步骤按照用户定制的方式顺序实例化业务处理工具,对业务处理工具的实例化排序就是对业务处理工具的调度,工作流系统和业务处理工具间的关系总体上可以概括为两方面:执行调度和数据交互。

(1)执行调度。

由业务流程模型定义 4.2 − 6 可以看出,活动间存在一种执行偏序关系,这种偏序关系被抽象为业务流程描述,并作为调度规则由工作流系统进行翻译,结果就是活动的执行顺序。

当活动获得流程调度的执行权时,该执行权将依据活动模型在活动内部的不同层次之间实现控制转移。首先,控制层获得执行权进行控制逻辑的计算与验证,验证通过后,将执行权转移给步骤层;步骤层依据用户定制的方式进行准备,准备完成后调度业务处理工具执行,此时业务处理工具被实例化并获得执行权;工具运行期间,工作流系统除了通过工具控制接口能够对工具执行产生影响之外,无任何其他方式可以对工具的执行产生影响。其次,业务处理工具运行结束后交回执行权,步骤层将重新获得执行权,为了完成下一步骤的执行,步骤层必须将执行权交回控制层,由控制层进行集中控制和调度。依此类推,流程的执行权在每一步骤执行前,以及执行后转移到控制层,由控制层完成活动执行的枢纽调度。

(2)数据交互。

业务处理工具与工作流系统间的数据交互包含三方面:工作流系统向业务处理工具的数据传递;业务处理工具向工作流系统的数据反馈,以及业务处理工具与外界环境间的数据交换。

工作流系统向业务处理工具的数据传递为业务处理工具注入了原始的启动数据,使得业务流程中的步骤调用业务处理工具后,提交给最终用户进行业务处理。这种数据交互通过步骤数据字段与业务处理工具输入接口数据字段之间的映射关系建立,从而实现步骤层到工具层的连接。

业务处理工具向工作流系统的数据反馈为工作流系统获取业务处理工具的处理结果提供了通道,使得工具的运行结果能够被工作流环境保存下来,并进一步影响业务流程的执行情况。这种数据交互通过步骤数据字段与工具的输出接口数据字段之间的映射关系建立,实现了工具层到步骤层的反馈。

业务处理工具与工作流环境以外的其他外界环境间的数据交互在建模阶段定制,在业务处理工具执行过程中完成数据转换。

6.5 业务处理工具的实现途径

业务流程、业务逻辑与业务处理工具应用逻辑的分离要求业务处理工具能够将应用逻辑封装在工具内部,对外提供统一的与工作流进行交互的形式,能够在适当的时候根据需要自由地绑定到工作流中并为工作流所调用,从而提供一致的业务加工手段。上述需求的解决有赖于现有的软件技术,而在目前众多的软件开发技术中,基于构件的技术无论在灵活性、成熟度和可操作性方面都具有非常明显的优势,这种优势正好可以弥补工作流在业务处理工具集成手段方面存在的不足。

6.5.1 传统构件作为业务处理工具存在的不足

目前常用的构件技术主要着眼于软件程序层面[149, 150],构件粒度限制在软件基础构成单元,本身无法形成完整的运行单元,通常不提供独立的业务功能;由于受到具体编程语言和实现技术的制约,对于集成环境,以及运行平台具有较多依赖。

其次,目前常用的构件重用多集中在静态应用方面,而且仅仅体现在开发阶段的静态绑定,一旦确立并完成了应用目标,各种构件就被解析并组装成具有固定逻辑和行为的一个紧耦合软件,在这样紧耦合的软件中要实现诸如应用逻辑的改变、业务功能的转换是非常困难的。这种构件技术追求的目标是最大程度上的代码和开发过程的重用,以尽可能快的速度开发出满足特性需求的软件,而相对忽视了软件本身的可扩展性和可重构性[151]。可以说目前的构件技术虽然提高了软件的可复用性和开发效率,却牺牲了软件逻辑上的可扩展性。造成上述情况的根本原因在于当前所普遍采用的程序设计方法是应用逻辑与技术实现相互融合的方法,没有将应用逻辑从技术实现中抽象出来实行灵活部署,导致无法在软件技术实现不变的情况下实现应用逻辑的转换。

再次,目前常用构件被视为用于构造软件系统的被动实体,无条件参与宿主环境的组装。其行为和状态是可预知的,连接机制也是事先定制的,构件之间的依赖关系在组装时确立并在运行期间保持不变。它们作为具有特定功能的软件实体一旦形成便确立了其对宿主环境的要求,缺乏对宿主环境的适应能力,无法应用在动态开放的工作流环境中。

因此,传统构件无法满足工作流环境对业务处理工具的要求,而应用级构件[151]作为具有独立业务功能的软件实体具有传统构件无法比拟的优势。

6.5.2　应用级构件作为业务处理工具的优势

应用级构件是应用数据连同它们之间紧密的应用逻辑关系一起封装发布的具有完整业务功能的软件实体[152～154],以应用软件或系统作为可复用单元、可独立运行,它封装了业务处理过程中所使用的应用数据、软件工具、表单模板,以及相关逻辑。具体来说,应用级构件具有以下特点:

1)具有独立完整的业务功能,可独立开发和发布;

2)具有规范的接口规约和显式的语境依赖,可以被独立地部署并由第三方任意集成[155, 156];

3)接口定义与功能实现相互分离;

4)具有自描述性,可以某种方式向外界告知其内在能力方面的信息。

应用级构件通过接口将本身所实现的业务功能和对外界的交互操作分离开来,接口是应用级构件与外界交互的唯一途径;接口既定义了其对外提供的功能,又定义了其要求的外部功能,从而显示出应用级构件对集成环境的依赖。

作为软件构件的一个子集,应用级构件具有软件构件的一般性要求,应用级构件与目前常用的软件构件最大的不同在于,它采用了应用逻辑描述同技术实现相分离的软件重构方法。可以说应用级构件是应用对象按照应用级构件的构造方法、结合给定的描述配置、可能进行少许编码而生成的可重构软件。这种构造方法根据需要对构件进行描述,动态完成应用级构件重构,不仅实现了应用对象的高度重用,而且加快了构件的构造效率。

与传统构件相比,应用级构件具有相对完整的业务功能,其应用领域具有更高的粒度,涵盖更为系统的应用逻辑,所表征的应用对象具有更强的灵活性和差异性;由于构件是可独立运行的软件实体,对集成环境的依赖较小,这使得通过集成环境连接起来的应用级构件之间,以及应用级构件与集成环境之间具有更为松散的耦合关系;构件的接口定义不依赖于其功能实现,可以使用与具体实现技术无关的业务语言来说明,从而可以作为独立的业务处理工具呈现给业务人员。

6.6 应用实例

本节以图 21 流程中提出申请活动 act_1 为例,说明该活动所使用的职称申请业务处理工具 apply. exe 与专业技术职务申报流程的集成过程。这里,apply. exe 满足集成要求,实现了 6.2.2 节的所有接口。具体集成过程如下:

1)当描述提出申请活动所使用的业务处理工具时,浏览当前的业务处理工具库,初步选定职务申请工具,通过自描述接口 apply. exe --get-minimum-args 返回业务处理工具基本信息:工具文件名"apply. exe"、工具名称"专业技术职务申请工具"、工具类型"有界面"、功能说明"为职称申请提供软件支持"、对宿主环境的要求"windows 平台"。

2)对于初步选定的职称申请构件,通过预览接口 apply. exe --x 默认启动工具以查看其界面形式。

3)实例化配置,通过职称申请工具的动态语境配置接口 apply. exe --get-data I,以及外部环境配置接口 apply. exe --get-data E 获取其输入接口数据字段,以及外部接口数据字段集,同时指定该集合中的数据字段与工作流及外界数据字段之间的映射关系:职工号→工作证号(表示工作流数据字段"职工号"的值作为工具输入接口数据字段"工作证号"的初值);姓名←人事部门数据源. 姓名(表示工具外部接口数据字段"姓名"的值来自人事部门数据源中数据字段"姓名"的值)。

在这个过程中,为了获取输入接口数据字段,以及外部数据接口数据字段与工具界面上标签数据字段的对应关系,可以使用工具字段定位接口命令进行字段定位:apply.exe --highlight 工作证号,从而获得工具输入接口数据字段"工作证号"与工具界面上标签数据字段的对应关系。

4)持久化配置,通过职称申请工具的持久化配置接口 apply.exe --get-data O 获取其输出接口数据字段集,并指定该集合中的数据字段与工作流及外界数据字段之间的映射关系:申请人姓名←姓名(表示工具输出数据字段"姓名"的值作为工作流数据字段"申请人姓名"的值);年龄→人事部门数据源.年龄(表示将工具外部接口数据字段"年龄"的值更新为人事部门数据源中数据字段"年龄"的值)。

这个过程中,同样可以使用工具字段定位接口命令获取工具输出接口数据字段与工具界面标签数据字段之间的对应关系。

5)配置完成后,在工作流执行阶段,工作流引擎按照职称申请工具的配置要求,为其提供初始数据集 initD-set、运行期间对外界的环境依赖关系 extD-access-set、持久化结果 outD-set,以及运行空间限制 space,并通过职称申请工具的执行接口命令 apply.exe --x initD-set extD-access-set outD-set space 调用执行。执行过程中,职称申请工具除了响应来自控制接口的命令之外,不处理任何其他的命令。

6)职称申请工具运行完毕正常退出后,其持久化结果记录在 space 空间的 outD-set 中,工作流系统据此可以获取工具的处理结果,实现持久化存储。

6.7　实例分析

由上一节的实例可知,业务处理工具作为具有独立业务处理功能的软件实体,通过对可用信息资源进行加工处理以实现特定的业务目标,将其引入到工作流中,实现工具对动态环境的依赖以松散耦合的方式通过规范接口与外界进行连接,较好地隐藏了应用逻辑的实现细节,完成工具应用逻辑与流程业务逻辑的分离。与传统的工作流集成框架相比,基于业务处理工具的工作流集成框架具有以下显著特点。

1)分离流程业务逻辑与工具应用逻辑。工作流关注业务逻辑的处理,业务处理工具关注应用逻辑的处理,这种"关注分离"的原则有利于业务流程的扩展,以及业务处理工具的重构。

2)简化工作流描述与处理。业务处理工具在工具自身的构造空间中进行独立组装,工作流作为业务处理工具的集成框架,不再对业务处理工具进行组装配置,也不再对工具应用逻辑的执行进行解析,不仅降低了业务处理工具描述与处理的复杂性,而且使得业务流程的结构层次更为清晰、关系更为简单。

3)规范工作流与业务处理工具间的交互,降低二者的耦合。工作流与业务处理工具通过标准化的接口进行交互,接口作为与技术实现分离的实体,屏蔽了工具技术实现改变时对二者集成的影响,从而实现工作流与业务处理工具的高度解耦。

4)增强了系统资源的重用性。活动和业务处理工具能够独立于业务流程而存在,这使它们能够在不同的业务流程中多次被使用,而无须重复进行设计,从而增强了系统资源的重用性,降低了系统开发和维护的代价。

5)隔离用户与系统的运行空间,增强了系统的安全性。业务处理工具执行时由业务流程为其指定独立的运行空间,这种方式限制了工具运行期动作的活动范围,使其无法直接访问系统空间,一定程度上保护工作流的系统空间免受非法访问。

6)参数化框架增强了工作流的适应性和灵活性。业务处理工具的引入,不仅丰富了工作流中业务处理的方式和手段,而且使工作流系统从传统的集成手段单一、结构封闭的孤立系统变成集成手段多样、结构开放的集成框架,进一步突出了业务处理工具与业务流程之间的逻辑独立性。

第七章 基于门户的 web 接入控制

接入控制为任务管理提供了一致的展现方式和访问入口,使用户能够按照统一的访问方式实现任务调度和管理。任务管理器为用户提供任务访问及处理的手段,是实现任务调度和管理的容器,其实现模式取决于用户对任务的访问方式,以及用户实际工作条件,不同的工作环境对任务管理方式的要求是不同的。

7.1 接入控制的目标

伴随着企业业务的不断扩大和跨地域性发展,传统的本地接入模式由于限制了员工的工作时间和工作地点已逐渐显示出其局限性,随之出现了远程接入方式,远程接入不仅远离了时间和空间的约束,而且为不同区域不同机构间的员工提供了一条协作的途径。但是单一的接入方式难以满足用户的工作需要,从目前工作流领域用户接入的实际需求来看,用户接入必须具备以下条件:

1)灵活方便的接入方式。用户接入需求与其办公模式息息相关。根据用户的工作特点可以将其分为两大类。一类是由于他们的工作对象或环境难以移动,工作需要在企业内部完成的用户,如财务部门、提供实体服务的部门等。这类用户必须实行坐班制,要有固定的工作时间和固定的办公场所,适合使用本地接入方式。一方面本地接入可以获得较快的业务处理响应速度,另一方面集中的办公场所便于企业进行监督和管理。另一类是由于他们的工作环境相对开放,不需要坐班或者经常出差,无固定的工作时间或者固定的办公场所的用户,本地接入方式限制了用户访问的物理位置和接入方式。这类用户可以使用混合式的接入方式:外出期间使用远程接入,不受传统方式的时间和空间限制,使业务处理能够延伸到开放式环境中的任何一个节点,达到远程处理的目的;否则可以使用本地接入,方便快捷从而提升业务处理的响应速度。

2)降低远程接入所带来的风险。远程接入的开放为各种恶意程序和威胁提供了入侵途径,它不仅使企业的信息安全面临前所未有的风险,而且随着外来用户的增多,企业所面临的恶意入侵的风险也随之增加。这就要求设计业务处理系统时一方面要考虑到企业之间的业务协作和资源共享,另一方面要考虑到远程接入所带来的安全风险,对接入用户的访问权限加以限定,使其能够且只能够访问到业务处理所需的最小资源集合。

总之,使用灵活安全的混合式接入方式是实现用户接入管理需要解决的首要问题,因此在设计时既要考虑到用户的实际工作需要,又要兼顾企业的安全风险,尽量满足不同用户的接入需求,并使系统部署和业务访问具有一定的灵活性和简易性。本地接入方式在第四章已经阐述,本章主要对远程接入方式进行探讨。远程接入允许用户使用浏览器通过网络远程访问和处理业务,故又称 web 接入,为了提供方便灵活的 web 接入方式,本文结合业务流程的特点,平衡业务和安全两方面需求,通过门户站点实现用户统一接入管理,以及内外访问的隔离。

7.2　基于门户的 web 接入控制

基于门户的 web 接入控制的主要思想是将逻辑上独立于业务流程的一个接入控制节点——门户站点作为用户访问的统一入口,其实现原理如图 27 所示,门户站点为用户提供站点注册、登录,以及访问服务摘要的功能,业务流程,以及流程中 web 接入方式的活动所生成的服务摘要注册在门户站点上供站点用户使用,业务流程是独立存在的,它集成了分布在各活动节点上的活动服务,活动服务由各活动节点独立进行管理和调度。

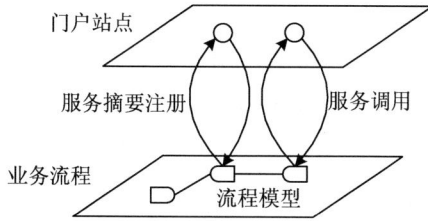

图 27   实现原理

7.2.1   基于门户的 web 接入模型

基于门户的 web 接入模型如图 28 所示。站点用户是在门户站点上注册并使用门户站点所提供的服务摘要的用户,站点用户根据其与活动服务执行者之间关系的不同可以分为 *Client* 类型用户和 *Processor* 类型用户,对于不同类型用户来说,均存在 web 接入活动节点与其相对应。

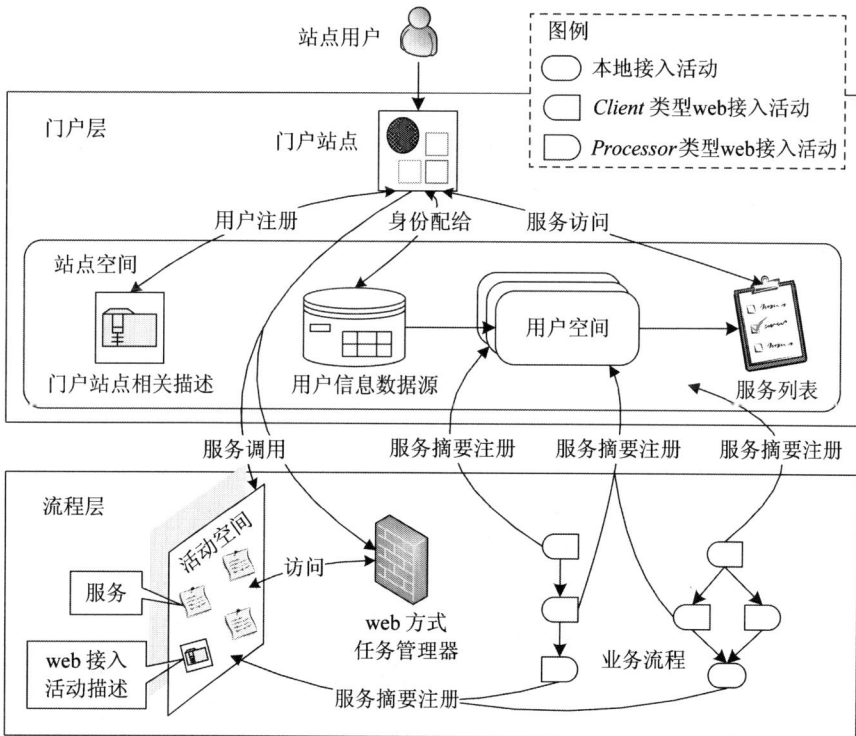

图 28   web 接入模型

活动节点是服务存储,以及服务运行的宿主环境,从业务流程的角度,按照活动接入方式的不同活动节点可以分为本地接入活动节点和 web 接入活动节点。本地接入活动节点对门户站点来说是完全透明的,门户站点无法感知它的存在,该类活动节点所生成的服务摘要注册在当前节点的活动空间上;web 接入活动节点需要在门户站点进行注册,是能够被门户站点感知的。web 接入活动根据站点用户类型的不同可以分为 *Client* 类型 web 接入活动节点和 *Processor* 类型 web 接入活动节点,前者生成的服务摘要需要注册在门户站点上,而后者生成的服务摘要只注册在当前节点上,不需要在门户站点进行注册。

站点用户通过 web 接入方式在门户站点进行注册、登录并访问门户站点提供的服务摘要,从而可间接实现对位于各 *Client* 类型 web 接入活动节点上服务的调用。所有活动节点对站点用户来说均是完全透明的,门户站点向站点用户屏蔽了活动节点的存在,给站点用户造成了门户站点便是服务宿主环境的假象。

门户站点为分散在 *Client* 类型 web 接入活动节点上的服务建立镜像,使得站点用户登录门户站点便可实现对位于各 web 接入活动节点的服务进行统一访问和集中管理,门户站点上的服务实际上是业务流程或者 web 接入活动生成的服务摘要。

用户在访问服务的过程中无法直接获知并访问服务运行的宿主环境,因而可以将 web 接入活动节点设置成内部节点,不允许从外部直接访问。当用户通过外部的门户站点调用 web 接入活动节点的服务时,需要将所调用的外部服务地址转换为内部服务地址。这样所有对业务流程中 web 接入活动节点的访问都要经由门户站点,从而可以在门户站点进行对用户身份实现统一管理,增强了流程,以及活动服务的安全性。

基于门户的 web 接入模型使用门户站点为用户提供单一的访问流程及活动服务摘要的远程接入点,分布在 web 接入活动节点上的服务通过服务摘要注册机制在门户站点生成唯一的服务摘要。门户站点对服务摘要进行集成,将相对分散独立的业务流程组成一个整体,为站点用户提供访问服务的统一视图,通过单点登录[157]对外提供闭环式服务,对内整合企业应用,使用户只需要在门户站点中主动进行一次身份认证,便可访问其被授权的服务资源,而不需要主动参与流程服务和活动服务的身份认证过程。该方法重在保护原有业务流程的基础上实现服务的透明整合,为用户提供方便灵活的接入方式;同时将分散的服务以简单的形式予以呈现与集成,降低服务集成所带来的时间与成本上的开销。与传统的门户环境下的服务集成方式不同,本文的门户站点只负责服务摘要的管理,并不涉及服务内容及服务数据的任何处理,从而保证各服务之间的数据操作的相互独立,实现流程及活动服务间的松散耦合。

7.2.2　接入控制关键机制

门户站点上的整个空间称为站点空间,站点空间内存放门户站点相关描述、站点用户的注册信息(即用户信息数据库),以及站点用户所能访问的流程服务摘要。站点用户在站点空间上具有独立的用户空间,供用户登录门户站点时访问。用户空间 $\Gamma_i(1 \leqslant i \leqslant N)$ 满足以下条件:

1)用户空间 Γ_i 组成了站点空间 Γ 的一个子集,$\sum_{i=0}^{N} \Gamma_i \subset \Gamma$,站点空间除了包含所有的用户空间之外,还包含存放门户站点相关描述的配置空间;

2)用户空间与站点用户之间存在一一映射关系,这种映射关系使得站点用户能够且只能够访问其自身的用户空间,从而避免越权访问现象的发生。

用户空间内存放站点用户可以访问的所有活动服务摘要,每个活动服务摘要在 web 接入活动节点的服务集合中均存在唯一的原像,同一用户空间中的不同活动服务摘要可以与同一 web 接入活动节点上的不同服务或者不同 web 接入活动节点上的服务相对应,从而一个用户空间可以与一个或多个 web 接入活动节点建立映射关系。web 接入活动节点上的每个服务在所有用户空间内均存在唯　的像,一个 web 接入活动节点可以包含多个服务,每个服务可以映射到不同的用户空间上,生成不同的活动服务摘要,因此一个 web 接入活动节点可以与一个或多个用户空间建立映射关系。

当一个用户空间与一个 web 接入活动节点之间存在唯一的映射关系时,称这个用户空间所对应的站点用户为 *Processor* 类型站点用户,表示业务处理人员,该类用户具有唯一的排它性的 web 接入活动节点;当一个用户空间与多个 web 接入活动节点之间存在映射关系时,称这个用户空间所对应的站点用户为 *Client* 类型站点用户,表示普通用户,该类用户是门户站点上独立存在的个体,无单一的排它性的 web 接入活动节点与其对应。*Processor* 类型站点用户和 *Client* 类型站点用户组成了站点用户的全集。

不同类型的站点用户在门户站点上具有同等的地位,但是在映射到 web 接入活动节点后将具有不同的地位、扮演不同的角色: *Processor* 映射为一个活动执行者,不同的 *Processor* 映射为不同的活动执行者; *Client* 对应活动的一个属性,多个 *Client* 可以映射成同一个 web 接入活动,具有相同的活动执行者。

无论何种类型站点用户,其所要访问的服务均位于 web 接入活动节点上。为了让站点用户获知当前存在哪些可用服务,需要在 web 接入活动节点与门户站点之间建立服务摘要注册通道,使得站点用户登录门户站点后能够根据服务摘要确定可用服务;其次,为了防止非法用户获知并使用门户站点提供的服务摘要,门户站点必须具备合适的用户身份认证机制,确保只有合法的授权用户才可以访问服务;最后,门户站点向站点用户屏蔽了 web 接入活动节点的存在,门户站点与 web 接入站点可以处于不同的网络上,站点用户要想真正实现对服务的调用,必须提供相应的服务调用机制,使得门户站点能够将站点用户对服务摘要的调用请求转化为对 web 接入活动节点上服务的调用请求。

为了解决上述问题,web 接入需要提供以下关键机制:①活动节点上产生的服务摘要是如何在门户站点进行注册的,或者说门户站点的服务摘要是如何生成的,即服务摘要注册机制;②登录门户站点的用户身份如何验证,以及如何根据站点用户身份确定其所能够访问的服务摘要,即身份配给机制;③站点用户通过门户站点如何能够实现对远程服务的调用,即服务调用机制。

在讨论 web 接入的关键机制之前,先介绍与之相关的基础信息描述。

7.3　接入控制相关描述

为了实现基于门户的 web 接入控制,需要在门户站点和 web 接入活动之间建立联系,这种联系不仅可以支持服务完成在门户站点的注册,而且可以支持站点用户实现对远程服务的调用,从而与web接入相关的描述被划分为两部分:一部分为门户站点描述,在流程发布之前被独立地发布并注册到门户站点上;另一部分为web接入活动节点描述,跟随流程发布被注册到不同的web接入活动节点上。

7.3.1　门户站点描述

为了生成站点用户的注册配置,建立门户站点与web接入活动之间的映射关系,门户站点需要提供站点属性配置,称为门户站点描述。

门户站点描述是对门户站点自身属性及其向用户提供的注册项的描述,可以使用已有站点的配置、提供给业务流程作为服务描述的参照,也可以在服务建立之前独立生成,与门户站点注册的具体业务流程服务无关。门户站点描述 $websitedesc = (webname, webip, WEBFIELD)$,其中:

1) $webname$ 为门户站点的名称,具有唯一性。

2) $webip$ 表示门户站点所对应的节点机的 IP 地址。

3) $WEBFIELD$ 表示门户站点向用户提供的注册项的集合, $WebField \in WEBFIELD$ 表示门户站点上的一个注册项。

$WebField = (webfield, webid, webtype, webrange, webneed, webunique, webspace, usertype)$,其中:

1) $webfield$ 表示门户站点上所显示的数据字段标签的名称,严格来讲, $webfield$ 可以不具备唯一性,但是为了便于站点用户理解,通常情况下要求该标签名称是唯一的。

2) $webid$ 表示门户站点上数据字段的内部标识,唯一的标识一个站点数据字段。

3) $webtype$ 表示门户站点上数据字段的类型,支持普通的字符串、整型、浮点型,还支持英文数字、中英文数字、数字、枚举,以及正则表达式所描述的类型。

4) $webrange$ 表示门户站点上数据字段的取值范围约束,如对于普通字符串、英文数字、中英文数字、数字,以及正则表达式描述的类型,可以约定字符串的长度范围;对于整型、浮点型,可以约定其取值范围等。

5) $webneed$ 表示门户站点上该数据字段是否为用户注册时必须填写的内容,

取值 TRUE 和 FALSE 分别表示站点数据字段 *webfield* 的值为必填项和非必填项。

6）*webunique* 表示门户站点上该数据字段在用户注册时是否必须是唯一的,取值 TRUE 和 FALSE 分别表示站点数据字段 *webfield* 具有唯一性和不具有唯一性。

7）*webspace* 表示门户站点上该数据字段是否作为门户站点空间划分的依据。为了保证用户空间与站点用户之间的一一映射关系,门户站点空间划分依据必须满足以下条件:

$webneed = TRUE \wedge webunique = TRUE$

$WebField_i. webspace = TRUE\ iff\ \forall WebField_j. webspace = FALSE$,其中,$WebField_i$,$WebField_j \in WEBFIELD$,且 $i \neq j$。

8）*usertype* 表示门户站点上注册的站点用户类型,取值有两种:*Processor* 和 *Client*。

门户站点描述默认包含三个初始注册项登录名 *logname*、密码 *pwd*,以及重复密码 *repwd* 的配置,作为门户站点注册项的最小集合。

此外,为了防止非法的服务摘要在门户站点上进行注册,需要门户站点在流程发布时记录合法的服务,用于接收服务摘要注册时进行有效性检查。同时为了防止站点用户对服务的非法访问,实现站点用户对服务的合法调用,门户站点需要获知允许注册的服务有哪些,访问服务的授权用户有哪些,站点用户如何与 web 接入活动的执行者建立联系,以及站点数据与 web 接入活动数据之间的映射关系。这样一来,门户站点上的基础信息描述还包含活动基本信息,用以描述注册服务授权访问的用户群,以及站点数据与 web 接入活动数据之间的映射关系。

7.3.2　web 接入活动描述

活动默认的接入方式为本地接入(即 Local 接入),当活动的接入方式被设置为远程接入(即 web 接入)时,该活动被称为 web 接入活动。Web 接入活动节点上的描述指的是 web 接入活动描述,它在本地接入活动描述的基础上,增加了有关 web 接入属性特性的描述。

web 接入活动描述 *webactivity = （webname,utype,umapping,naming,ugroup,wd2cd）*,其中:

1）*webname* 为门户站点的名称,表示活动执行者在使用业务流程服务时所要访问的门户站点标识,该属性来自流程配置工具维护的门户站点描述列表中的门户站点名称。

2）*utype* 表示 web 接入活动的执行者类型。$utype \in UTYPE$, $UTYPE$ 表示访问门户站点的用户类型的集合, $UTYPE = \{Client, Processor\}$。

3）*umapping* 表示 web 站点用户与活动执行者之间的映射关系。当 $utype = Client$ 时,umapping 表示将某个(些)站点数据映射到活动的某个(些)属性(即活动数据)上,从而将多个 $Client$ 映射为同一个活动的执行者;当 $utype = Processor$ 时, $umapping$ 表示将某个(写)站点数据映射到活动执行者的属性上,从而实现 $Processor$ 与活动执行者间的一一对应关系。

4）*naming* 为任务的命名规则,表示 web 站点用户在创建任务时,默认情况下,系统自动使用哪个(些)数据字段作为新任务的命名规则,该属性在所定义的 web 接入活动作为业务流程的起始活动时生效。

5）*ugroup* 为授权访问流程服务的用户群,表示满足哪些条件的 web 站点用户可以使用以当前 web 活动为起始活动的业务流程服务,该属性在所定义的 web 接入活动为业务流程的起始活动且 web 接入活动的执行者类型 $utype = Client$ 时生效。

6）*wd2cd* 表示站点数据与活动数据之间的映射关系,通过该映射以及构件数据与活动数据之间的映射关系将站点数据引入到业务流程中,从而在门户站点与业务流程之间建立一定的联系。

7.4　服务摘要注册机制

7.4.1　注册机制的选取

站点用户访问门户站点可以浏览该用户有权创建和处理的服务摘要列表,它们由活动节点产生,服务摘要所标识的服务位于活动节点上。门户站点逻辑上并不属于业务流程的服务节点,因而也不会产生任何服务。为了使站点用户能够通过门户站点访问活动节点上的服务,需要在门户站点与活动节点之间建立映射关系,将活动节点上服务所生成的服务摘要注册到门户站点上。在不引起歧义的情况下,有时门户站点上的服务摘要可以简称为服务。

门户站点的服务摘要注册机制通常有主动注册和被动注册两种方式,主动与被动均是针对门户站点而言的。

主动注册指的是在站点用户访问服务摘要时,由门户站点根据本地的服务描述主动向所有在门户站点注册过的 web 接入活动发出查询请求,web 接入活动根据查询请求对本地的服务进行过滤,筛选出符合条件的服务返回,由门户站点显示给站点用户。

被动注册指的是活动节点在生成服务时,将服务摘要注册到门户站点上,而门户站点被动的接收来自 web 接入活动的服务摘要注册请求并将其存放到本地,在站点用户访问服务摘要列表时,门户站点筛选出本地符合条件的服务摘要显示给站点用户。

为了挑选出比较适合工作流环境要求的注册机制,我们从处理速度、所产生的总的网络流量、瞬时网络流量等多个方面进行分析。

(1)从请求处理速度来看。

主动注册机制属于同步注册方式,在站点用户请求时向在门户站点注册过的所有 web 接入活动节点发出查询请求并等待 web 接入活动节点的返回结果。这种即时请求在等待处理结果的过程中,由于网络状况,以及请求模块的响应速度等客观原因可能存在延时,如果请求时刻网络拥塞,这个延时可能会比较长,不在工作流系统的控制范围之内,这样主动注册机制的延时便直接体现在用户操作的响应速度上。

被动注册机制属于异步注册方式,在站点用户请求时从门户站点取得服务摘要全集对其进行过滤,读取服务摘要与过滤服务摘要操作所用的时间总和便是请求处理的延时,延迟的时间在工作流系统的可控范围之内,这种延迟不会对用户操作的响应产生较大影响。与主动注册机制相比,它减少了请求时刻网络传输的延迟。

（2）从总的网络流量来看。

主动注册机制中，用户访问服务摘要时需要将请求发送给 web 接入活动节点，并接收 web 接入活动节点的返回结果，这个过程中一个用户一次访问所产生的网络流量 U_e 为：

$$U_e = U_r + U_s$$

其中，U_r 表示请求的数据量，U_s 表示返回的符合条件的服务摘要的数据量。由此可知，N 个用户 M 次访问所产生的总的网络流量 U_a 为：

$$U_a = M * \sum_{i=1}^{N} U_{e_i} = M * (\sum_{i=1}^{N} U_{r_i} + \sum_{i=1}^{N} U_{s_i}) = M * \sum_{i=1}^{N} U_{r_i} + M * \sum_{i=1}^{N} U_{s_i} \quad (7-1)$$

被动注册机制中，门户站点被动的接收 web 接入活动节点传来的所有服务摘要信息将其存放在本地，用户访问时从本地服务摘要中进行筛选。这种异步注册方式中无论访问次数 M 取值多少，均产生恒定的网络流量 $U_{\hat{a}}$：

$$U_{\hat{a}} = \sum_{i=1}^{N} U_{s_i} \qquad\qquad (7-2)$$

由公式和可知，主动注册机制所产生的总的网络流量 U_a 要大于被动注册机制所产生的总的网络流量 $U_{\hat{a}}$，而且随着访问次数的递增，U_a 与 $U_{\hat{a}}$ 之间的差值在加大。

（3）从瞬时网络流量来看。

主动注册机制所产生的瞬时网络流量主要集中在请求的瞬间，所产生的瞬时网络流量 U_o 为 N 个并发用户同时访问所产生的网络流量，从而有：

$$U_o = N * U_e = N * (U_r + U_s) = N * (U_r + T * U_t) \qquad (7-3)$$

其中，T 表示符合条件的服务摘要总数，U_t 表示一个服务的平均数据量。N 个并发用户同时访问所产生的瞬时网络流量 U_o 随着符合条件的服务摘要的数量 T 的增加而增加。

被动注册机制所产生的瞬时网络流量是离散的，与服务的产生时刻相关。如果在时刻 t 产生 K 个服务，那么瞬时网络流量 $U_{\hat{o}}$ 为：

$$U_{\hat{o}} = K * U_t \qquad\qquad (7-4)$$

假设两种注册方式在时刻 t 均产生瞬时网络流量。

1）如果门户站点只包含一个流程服务摘要，由于流程服务摘要中的活动服务是按一定次序执行的,从而被动注册机制中一个流程服务在任一时刻最多只能产生一个服务摘要,即 $K = 1$,此时 $U_{\hat{o}} = U_t$;而并发用户 N 的最小取值为 1,此时 $U_o = U_r + T * U_t$,当满足条件的服务不存在时,需要根据 U_r 与 U_t 的大小来确定与被动注册机制产生的瞬时网络流量的差别,当满足条件的服务摘要存在时,主动注册机制所产生的瞬时网络流量一定大于被动注册机制所产生的瞬时网络流量。

2)如果门户站点包含 P 个流程服务摘要,那么要考虑两种极端情况:一种是被动注册机制中 $K = P$, $U_{\hat{o}} = P * U_t$,而主动注册机制中 $N = 1$, $T = 0$, $U_o = U_r$,此时主动注册机制较被动注册机制所产生的瞬时网络流量要小;另一种是被动注册机制中 $K = 1$, $U_{\hat{o}} = U_t$,而主动注册机制中 N 和 T 取最大值,此时主动注册机制较被动注册机制所产生的瞬时网络流量要大。除去上述特例,平均情况下可以简单的认为 $K > N$ 与 $K < N$ 具有均等的机会,二者产生的瞬时网络流量是处于同一数量级的。

由上述分析可知,多数情况下主动注册机制较被动注册机制产生的瞬时网络流量要大。

(4)从耦合性来看。

主动注册机制中,门户站点为了能够向 web 接入活动节点发出查询请求,需要记录合法的 web 接入活动节点的基本信息,而 web 接入活动节点则需要记录注册机制中所用到的注册规则,包含注册的门户站点信息,以及注册条件等;被动注册机制中,web 接入活动为了能够向门户站点进行注册,同样需要记录注册机制中所用到的注册规则,而门户站点为了防止非法的服务注册到本地,需要记录合法的 web 接入活动节点的基本信息。这样看来,主动注册机制与被动注册机制在耦合性方面是不相上下的。

表3　主动注册机制与被动注册机制的比较分析

序号	考察角度	比较分析
1	请求处理速度	被动注册机制比主动注册机制减少了网络延迟

序号	考察角度	比较分析
2	总的网络流量	被动注册机制比主动注册机制所产生的总的网络流量要少,且后者随着访问次数的增加而增加
3	瞬时网络流量	多数情况下被动注册机制较主动注册机制所产生的瞬时网络流量要小

综合衡量(见上表3),被动注册机制要优于主动注册机制,因此本文采用被动注册机制来建立门户站点上的服务摘要。被动注册机制中服务摘要的注册与用户的访问是异步进行的,服务摘要的注册是在其生成时由web接入活动通知门户站点写入到本地,用户访问时得到的是已经注册在门户站点上符合条件的服务摘要。

服务摘要注册的发生有两个时机:一是流程发布阶段,流程初始活动节点在完成流程初始化处理后,将生成的流程服务摘要注册到门户站点上;二是在流程执行阶段,web接入活动节点对收到的任务(活动实例称为任务)经过前置处理并进入就绪状态后,将生成的活动服务摘要注册到门户站点上。

7.4.2　流程服务摘要注册

流程开始活动实例的创建标志着流程的启动,从这个意义上来说流程服务可以认为是流程开始活动服务,从而流程服务摘要的注册即是流程开始活动服务摘要的注册,这样以来当一个web接入活动作为流程的开始活动时,便会产生流程服务摘要的注册行为。

如果　个web接入活动所对应的站点用户类型不同,那么其流程注册的方式也有所不同(如图29所示)。当web接入活动所对应的站点用户类型为 *Processor*时,流程服务摘要本质上是注册在web接入活动节点上的,站点用户登录门户站点,经过门户站点及web接入活动节点授权后,调用 *Processor* 所对应的web接入活动节点上活动执行者所要处理的web方式任务管理器,这样站点用户便可查看web接入活动节点上的流程服务;而当web接入活动所对应的站点用户类型为*Client* 时,流程服务摘要是注册在门户站点上的,站点用户登录门户站点即可浏览所要处理的流程服务摘要。

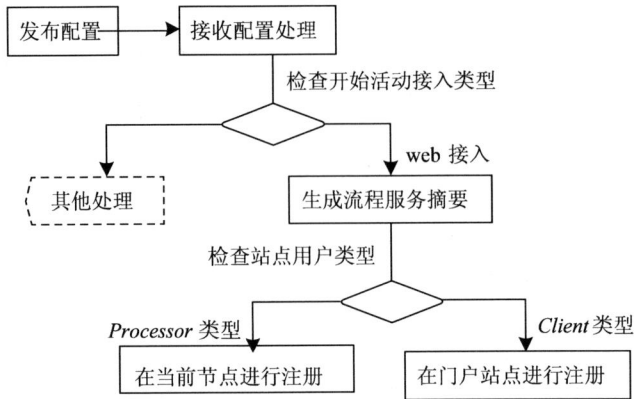

图 29　流程服务注册过程图

流程服务摘要的整个注册过程如下：

1）获取活动属性集合：

$$\xi_1(bid, aid, actorid, sid) \to A$$

根据 web 接入活动在活动节点上注册时提供的活动属性 bid、aid、$actorid$、sid 确定 web 接入类型的流程开始活动的基本属性 A，这里：

$A = \{bid, aid, actorid, sid, stype, bname, aname, start, end, instance, access, DATA\}$，其中 $DATA$ 表示活动数据字段集合。$\xi_1()$ 是可配置的，随 bid、aid、$actorid$、sid 的变化而变化。

2）生成流程服务的访问地址：

$$\xi_2(access, bid, aid, actorid) \to url$$

根据活动属性 bid、aid、$actorid$、$access$ 生成开始活动为 web 接入方式的流程服务的访问地址 url，bid 与 aid 能够唯一确定流程的一个开始活动。$\xi_2()$ 是可配置的，随 bid、aid、$actorid$、$webaccess$ 的变化而变化。

3）生成流程服务摘要：

$$\xi_3(A, url) \to actfs_x$$

其中，$actfs_x \in ACTFS$ 表示 web 接入活动节点上流程服务摘要集 $ACTFS$ 中的服务摘要，$actfs_x = \{bid, aid, sid, bname, instance, url\}$。

根据 web 接入类型的流程开始活动的基本属性 A，以及流程服务的访问地址

url 生成 web 接入活动节点上的流程服务 $actfs_x$。$\xi_3()$ 是可配置的,随集合 A,以及 *url* 的变化而变化。

4)根据 web 接入活动节点的执行者类型 *utype* 做不同的处理:

①如果 *utype* 取值 *Processor*,那么通知本地的 web 方式任务管理器。至此,执行者类型 *utype* 为 *Processor* 的流程服务摘要注册完成;

②如果 *utype* 取值 *Client*,那么通知门户站点,执行后续处理步骤。

5)生成门户站点上的流程服务摘要:

$$\xi_4(actfs_x) \rightarrow webfs_z$$

其中,$webfs_z \in WEBFS \nprec \Gamma$ 表示门户站点空间上流程服务摘要集 *WEBFS* 中的服务摘要,符号 $\nprec$ 表示 *WEBAS* 存在于用户空间 Γ_u 上,$webfs_z = \{bid, aid, bname, instance, url\}$。由于流程服务只要不是提供给单个站点用户使用,而是提供给整个站点空间上满足指定条件的站点用户使用的,因此流程服务摘要注册在站点空间上。

门户站点根据接收到的 web 接入活动节点上的流程服务摘要 $actfs_x$,生成门户站点空间上的流程服务摘要 $webfs_z$。$\xi_4()$ 是可配置的,随 $actfs_x$ 的变化而变化。

至此,流程服务摘要注册完成。授权用户登录门户站点后,便可以访问该流程服务摘要创建流程实例。

7.4.3　活动服务摘要注册

当一个活动经过前驱节点的处理流入本节点,在本节点经过前置处理后便会生成一个活动服务摘要,活动服务摘要的建立标志着活动实例进入就绪状态,等待业务人员进行处理。

与流程服务摘要相同,对于具有不同类型站点用户的 web 接入活动来说,活动服务摘要的注册方式也有所不同(如图 30 所示)。当执行者类型为 *Processor* 时,活动服务摘要本质上是注册在 web 接入活动节点上的。站点用户登录门户站点,经过门户站点,以及 web 接入活动节点授权后,通过站点用户所对应的 web 接入活动节点上活动执行者的 web 方式任务管理器,访问 web 接入活动节点上的活动服务摘要;而当执行者类型为 *Client* 时,活动服务摘要是注册在门户站点上的,站点用户登录门户站点便可以浏览所要处理的活动服务摘要。

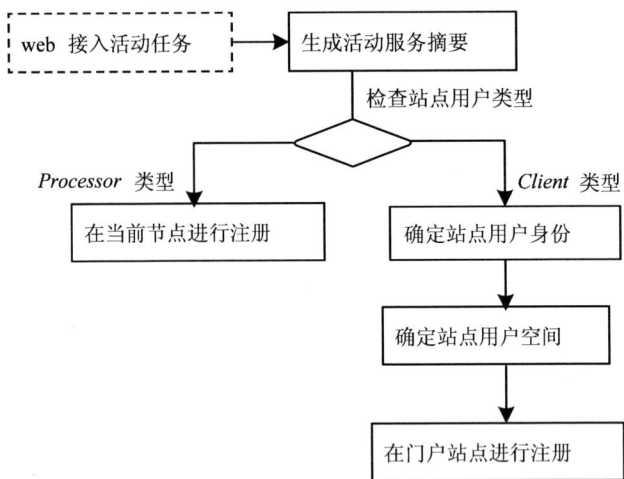

图 30   活动服务摘要注册过程图

活动服务摘要的整个注册过程如下。

1)活动节点获取活动属性,以及任务属性:

$$\psi_1(tid) \rightarrow A, T$$

根据任务标识 tid 确定任务所属活动的基本属性 A,以及任务独有属性 T,任务是活动的一个实例,因此任务除了具有活动的基本属性之外,还具备自身独有的属性集。这里: $T = \{tid, tname, attflag, arrivetime, currentstate, url, TDATA\}$,其中,$tid$ 表示任务标识;$tname$ 表示任务名称;$attflag$ 表示当前任务是否包含附件;$arrivetime$ 表示当前任务的到达时间;$currentstate$ 表示当前任务的处理状态;url 表示当前任务的访问地址;$TDATA = \{< wffield_i, V_{wffield_i} > | i > 0\}$ 表示任务数据名值对的集合。$\psi_1()$ 是可配置的,随 tid 的变化而变化。

2)web 接入活动节点生成活动服务的访问地址:

$$\psi_2(webaccess, bid, aid, actorid) \rightarrow url$$

web 接入活动节点根据活动属性 bid、aid、$actorid$、$webaccess$ 生成活动服务的访问地址 url,其中 bid 和 aid 能够唯一确定一个 web 接入活动,$actorid$ 表示 web 接入活动的执行者标识。$\psi_2()$ 是系统本身的固定功能。

3）根据 web 接入活动节点的执行者类型 *utype* 做不同的处理：

①如果 *utype* 取值 *Processor*，那么生成本地节点活动服务摘要：

$$\psi_3(A,T) \to actas_p$$

其中，$actas_p \in ACTAS$ 表示 web 接入活动节点上活动服务摘要集 *ACTAS* 中的服务摘要，$actas_p = \{bid, aid, sid, bname, aname, tid, tname, attflag, arrivetime, currenttime, url\}$。$\psi_3(\ )$ 是可配置的，随 *A*、*T* 的变化而变化。

通知本地的 web 方式任务管理器。至此，执行者类型 *utype* 为 *Processor* 的活动服务摘要注册完成。

②如果 *utype* 取值 *Client*，执行后续处理步骤。

4）web 接入活动节点确定标识站点用户身份的活动属性集：

$$\psi_4(umapping) \to E$$

其中，$E = \{wffield_j \mid j > 0\}$ 为标识站点用户身份的活动数据字段集。

从站点用户与 web 接入活动之间的映射关系 *umapping* 中获取能够确定门户站点用户身份的活动数据字段集。$\psi_4(\ )$ 是系统本身的固定功能。

5）web 接入活动节点获取标识站点用户身份的活动属性及其值：

$$\psi_5(E, TDATA) \to F$$

其中，$F = \{< wffield_j, V_{wffield_j} > \mid wffield_j \in E, j > 0\}$ 为 *umapping* 中用到的活动数据字段名值对的集合。

从任务数据名值对集合 *TDATA* 中获取标识站点用户身份的活动数据字段集 *E* 中的活动数据字段值。$\psi_5(\ )$ 是可配置的，随集合 *E* 和 *TDATA* 的变化而变化。

6）web 接入活动节点确定标识站点用户身份的属性及其值：

$$\psi_6(F, umapping) \to \iota$$

使用活动数据字段名值对集合 *F* 替换 *umapping* 映射中用到的任务数据字段，生成使用站点数据字段名值对表示的映射 ι，ι 标识了站点用户的身份。$\psi_6(\ )$ 是可配置的，随 *F* 的变化而变化。

7）web 接入活动节点生成 *Client* 类型用户的活动服务摘要：

$$\psi_7(A, T) \to acttas_u$$

其中，$acttas_u \in ACTTAS$ 表示 web 接入活动节点上需要向门户站点注册的活

动服务摘要集 *ACTTAS* 中的服务摘要。

$$acttas_u = \{bid, aid, sid, bname, aname, tid, tname, attflag, arrivetime, currenttime, url, \iota\}$$。

web 接入站点根据活动基本属性 A、任务独有属性 T 生成需要向门户站点注册的活动服务摘要,并通知门户站点。$\psi_7()$ 是可配置的,随集合 A,以及 T 的变化而变化。

8)门户站点确定站点用户身份:

$$\psi_8(acttas_u) \rightarrow \iota$$

门户站点从接收到的 web 接入活动服务摘要 $acttas_u$ 中获取站点数据字段名值对表示的映射 ι。$\psi_8()$ 是可配置的,随 $acttas_u$ 的变化而变化。

9)确定门户站点用户空间划分依据:

$$\psi_9(websitedesc) \rightarrow webspace$$

门户站点从本地的接入站点配置中获取站点用户空间划分依据 $webspace$。$\psi_9()$ 是系统本身的固定功能。

10)确定门户站点用户空间:

$$\psi_{10}(\iota, webspace, userdbs) \rightarrow V_{webspace}$$

根据站点数据字段名值对表示的映射 ι、站点用户空间划分依据 $webspace$ 从门户站点用户信息数据库 $userdbs$ 中获取该活动摘要所属的站点用户的空间划分依据数据字段值 $V_{webspace}$,$V_{webspace}$ 决定了该活动摘要所属的用户空间 Γ_u。$\psi_{10}()$ 是系统本身的固定功能。

11)生成门户站点上的活动服务摘要:

$$\psi_{11}(V_{webspace}, actas_u) \rightarrow webas_v$$

其中 $webas_v \in WEBAS \nless \Gamma_u$ 表示门户站点用户空间 Γ_u 上活动服务摘要集 *WEBAS* 中的一个服务摘要,$webas_v = \{tid, aid, bname, aname, tname, attflag, arrivetime, currentstate, url\}$。

根据门户站点上用户空间划分依据数据字段值 $V_{webspace}$,以及门户站点接收到的 web 接入活动节点上的活动服务摘要 $actas_u$ 生成门户站点用户空间上的活动服务摘要 $webas_v$。$\psi_{11}()$ 是可配置的,随 $V_{webspace}$,以及 $actas_u$ 的变化而变化。

至此,活动服务摘要注册全部完成,用户可以通过门户站点访问活动服务摘要进行业务处理。

7.5　身份配给机制

用户在门户站点注册通过后便建立了站点用户,身份配给是指站点用户映射到 web 接入活动节点活动执行者的过程,其主要目的是防止未授权用户进入系统,以及冒充他人执行操作。身份配给发生在用户登录门户站点,以及对服务进行访问的时刻,对于不同类型的站点用户来说,身份配给过程是不同的(如图31 所示)。

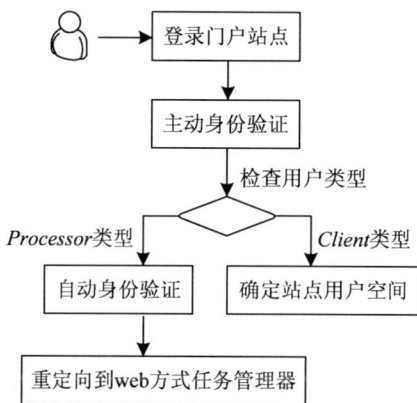

图31　身份配给过程

(1)Processor 类型站点用户的身份配给过程。

Processor 类型站点用户的身份配给是一个二次授权的过程。在站点用户登录门户站点获取服务摘要时,门户站点需要对用户身份进行确认,取得其用户空间,从而确保站点用户能够且只能够访问自身的用户空间,至此完成了 *Processor* 类型站点用户身份配给的第一次授权;第二次授权发生在从门户站点重定向到 web 接入活动节点上 web 方式任务管理器的过程中,由 web 方式任务管理器对站点用户身份自动进行核实,这次授权由 web 方式任务管理器自动完成,不需要站点用户主动参与。

①获取站点用户属性集：

$$\varphi_1(logname) \rightarrow W$$

其中，$W = \{ < webfield_k, V_{webfield_k} > | \ k > 0 \}$ 表示站点用户数据属性集。

根据用户登录门户站点的登录名，获取该站点用户信息数据库中该用户的数据属性集。$\varphi_1()$ 是可配置的，随用户登录名 $logname$ 的变化而变化。

②确定标识用户类型，以及用户空间划分依据的属性：

$$\varphi_2(websitedesc) \rightarrow usertype, webspace$$

从门户站点的站点配置中获取用户类型，以及门户站点上用户空间划分依据数据字段。$\varphi_2()$ 是系统本身的固定功能。

③确定用户类型：

$$\varphi_3(W, usertype) \rightarrow V_{usertype}$$

从站点用户信息 W 中获取用户类型数据字段 $usertype$ 的属性值。$\varphi_4()$ 是可配置的，随 W 的变化而变化。

④如果 $V_{usertype} = Processor$，重定向到 web 接入活动节点上的 web 方式任务管理器，进行二次授权：

$$\varphi_4(V_{usertype}, umapping) \rightarrow actor$$

根据站点用户类型，以及站点用户与活动执行者之间的映射关系确定 web 接入活动的执行者，$\varphi_4()$ 是可配置的，随 $umapping$ 的变化而变化。该授权过程与活动执行者在 web 接入活动节点上登录 web 方式任务管理器是相同的。

（2）Client 类型站点用户的身份配给过程。

$Client$ 类型站点用户身份配给即是门户站点对用户身份进行核实的过程，发生在用户登录门户站点时刻，主要任务是根据 $Client$ 类型站点用户的登录信息，以及门户站点的注册配置信息，在站点用户信息数据库中进行筛选过滤，确定登录用户在门户站点上的用户空间。处理过程如下。

①、②、③步骤与 $Processor$ 类型站点用户的身份配给过程是相同的。

④如果 $V_{usertype} = Client$，确定门户站点上的用户空间：

$$\varphi_5(W, webspace) \rightarrow V_{webspace}$$

从站点用户信息 W 中获取站点用户空间划分依据数据字段 *websapce* 的属性值。$\varphi_5(\,)$ 是可配置的,随 W 的变化而变化。

7.6　服务调用机制

由于站点用户是通过门户站点对服务进行访问的,如果所要访问的服务与服务摘要位于同一节点上,那么服务调用是非常简单的,在本地直接调用即可;但是如果所要访问的服务与服务摘要位于不同的节点上,那么服务调用需要经过转换,将服务摘要的地址转化为服务所在节点上的访问地址。

7.6.1　流程服务调用

流程服务的调用过程如图 32 所示。对于 *Processor* 类型站点用户来说,经过身份配给后访问到的 web 方式任务管理器中的所有流程服务摘要便是该用户可以访问的流程服务的总和,这些服务位于真实地位于 *Processor* 所访问的当前节点上,因此可以直接在本地进行调用。对于 *Client* 类型站点用户来说,经过身份配给后并不一定能够访问站点空间上的所有流程服务摘要,只有满足流程服务访问条件的用户才可以对其进行访问,故门户站点首先需要对授权用户按照流程服务访问条件进行过滤,筛选出站点用户有权访问的流程服务摘要的集合。此外,由于 web 接入活动节点和门户站点可能处于不同的网络上,web 接入活动在向门户站点注册流程服务摘要时,标识流程服务摘要的访问地址为 web 接入活动节点的网络地址,而在实际访问时用户是通过门户站点来调用 web 接入活动节点上的服务,因此门户站点需要提供流程服务访问地址的转换机制。

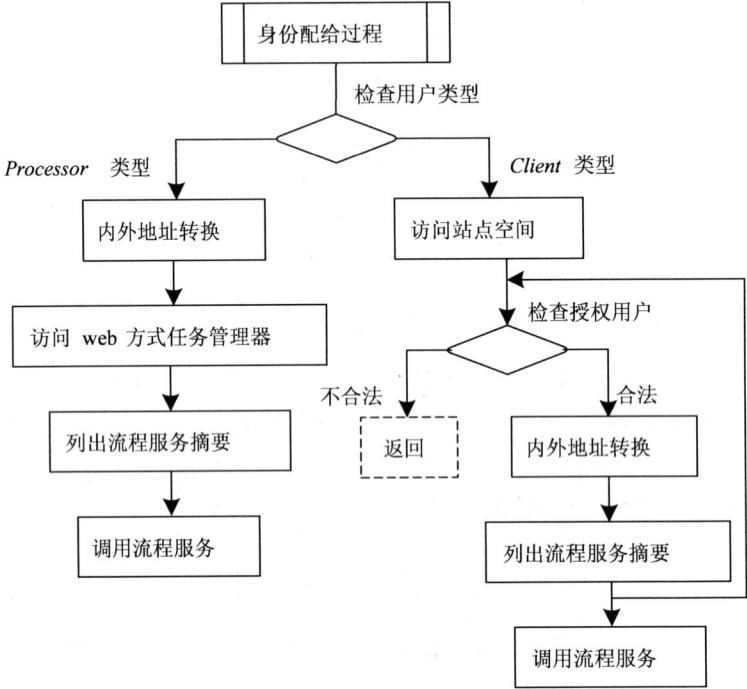

图 32　流程服务调用图

Client 类型站点用户调用流程服务的处理过程如下。

对 $\forall webfs_i \in WEBFS$ 做如下步骤。

1）获取流程服务摘要的基本属性：

$$\delta_1(webfs_i) \rightarrow bid, aid, bname, instance, url$$

获取门户站点上流程服务摘要 $webfs_i$ 的属性，包含流程标识 bid、活动标识 aid、流程名称 $bname$、实例化方式 $instance$、访问地址 url。$\delta_1()$ 是可配置的，随 $webfs_i$ 的变化而变化。

2）获取流程服务的授权用户描述：

$$\delta_2(bid, aid, UGROUP) \rightarrow ugroup$$

根据流程服务摘要 $webfs_i$ 中的属性 bid、aid，以及流程服务的授权用户 $UGROUP$ 获取可以访问该流程服务的用户群 $ugroup$。$\delta_2(\ )$ 是系统本身的固定功能。

3）获取标识授权用户的属性集：

$$\delta_3(ugroup) \rightarrow G$$

其中，$G = \{webfield_p \mid p > 0\}$ 表示 $ugroup$ 中使用的站点数据字段集合。

获取用户群 $ugroup$ 中用到的站点数据字段名称。$\delta_3(\ )$ 是系统本身的固定功能。

4）获取授权用户约束条件：

$$\delta_4(logname, userdbs, G) \rightarrow H$$

其中，$H = \{< webfield_p, V_{webfield_p} > \mid p > 0\}$ 表示 $ugroup$ 中使用的站点数据名值对的集合。

根据站点用户登录名从门户站点的用户信息数据库中获取流程服务用户群 $ugroup$ 中用到的站点数据字段值，形成 $ugroup$ 中使用的站点数据字段名值对集合。$\delta_4(\ )$ 是可配置的，随 $logname$，以及集合 G 的变化而变化。

5）判断站点用户是否满足约束条件：

$$\delta_5(H, ugroup) \rightarrow isPrivilege$$

根据 $ugroup$ 中使用的站点数据字段名值对集合计算 $ugroup$，获取站点用户是否具有访问流程服务摘要 $webfs_i$ 的权限，$isPrivilege$ 取值为 TRUE 或 FALSE。$\delta_5(\ )$ 是可配置的，随集合 H 的变化而变化。

6）根据 $isPrivilege$ 的取值进行判定：

判断站点用户是否具有访问流程服务摘要 $webfs_i$ 的权限，如果 $isPrivilege$ 取值 FALSE，表明站点用户不具有对 $webfs_i$ 的访问权限，那么跳出流程服务摘要 $webfs_i$ 的处理，继续处理下一个流程服务摘要，否则进入后续步骤处理。

7）获取站点属性与流程属性间的映射关系：

$$\delta_6(bid, aid, WD2CD) \rightarrow wd2cd$$

根据流程标识 bid、活动标识 aid，以及站点数据与活动数据映射关系集 $WD2CD$ 获取站点数据与活动数据之间的映射关系 $wd2cd$。$\delta_6(\ )$ 是可配置的，随 bid

与 *aid* 的变化而变化。

8)如果 *wd2cd* 为空,那么生成流程服务的实际访问地址:

$$\delta_7(url, transurl) \rightarrow url'$$

将内部的 web 接入活动上流程服务的访问地址转换为通过门户站点进行访问的外部访问地址 url',这种方式可以避免站点用户直接访问活动节点。$\delta_7(\ )$ 是可配置的,随 *url*、*transurl* 的变化而变化。

转步骤(14)。

9)获取映射 *wd2cd* 中使用的站点属性:

$$\delta_8(wd2cd) \rightarrow X$$

其中,$X = \{webfield_q \mid q > 0\}$ 表示 *wd2cd* 中使用的站点数据字段集合。

获取站点数据与活动数据之间的映射关系 *wd2cd* 中用到的站点数据字段名称。$\delta_8(\ )$ 是系统本身的固定功能。

10)获取映射 *wd2cd* 中使用的站点属性及其值:

$$\delta_9(logname, userdbs, X) \rightarrow Y$$

其中,$Y = \{< webfield_q, V_{webfield_q} > \mid q > 0\}$ 表示 *wd2cd* 中使用的站点数据名值对的集合。

根据站点用户登录名从门户站点的用户信息数据库中获取站点数据与活动数据之间的映射关系 *wd2cd* 中用到的站点数据字段值,形成 *wd2cd* 中使用的站点数据字段名值对集合。$\delta_9(\ )$ 是可配置的,随 *logname*、X 的变化而变化。

11)生成地址参数:

$$\delta_{10}(Y, wd2cd) \rightarrow \tau$$

使用站点数据字段名值对集合 Y,替换站点数据与活动数据之间映射关系 *wd2cd* 中的站点数据字段名称,形成不含站点数据字段、使用活动数据字段表示的站点数据与活动数据之间映射条件 τ。$\delta_{10}(\ )$ 是可配置的,随集合 Y 的变化而变化。

12）进行内外地址转换：

$$\delta_{11}(url,transurl)\rightarrow url'$$

将 web 接入活动上流程服务的访问地址转换为通过门户站点进行访问的访问地址 url'，这样可以避免站点用户直接访问活动节点。$\delta_{11}()$ 是可配置的，随 url、$transurl$ 的变化而变化。

13）生成流程服务的实际访问地址：

$$\delta_{12}(\tau,url')\rightarrow url_u$$

根据站点数据与活动数据之间映射条件 τ，以及转换后的访问地址 url' 生成用户有权访问的流程服务的实际访问地址 url_u。$\delta_{12}()$ 是可配置的，随 τ、url' 的变化而变化。

14）生成流程服务的访问属性：

$$\delta_{13}(bid,aid,bname,instance,url_u)\rightarrow asfs_k$$

根据流程标识 bid、活动标识 aid、流程名称 $bname$、实例化方式 $instance$、实际访问地址 url_u，生成授权用户可以访问的处于 web 活动节点上的流程服务。$\delta_{13}()$ 是可配置的，随 bid、aid、$bname$、$instance$、url_u 的变化而变化。

7.6.2　活动服务调用

用户登录门户站点确定用户空间后，便能够访问门户站点提供的活动服务摘要，活动服务摘要位于站点用户的用户空间内，且用户空间内的所有活动服务摘要均授权该用户进行处理。为了实现对活动服务的调用，需要将站点用户映射到活动属性上，以确定活动服务的执行位置。

与流程服务的调用类似，对于不同类型站点用户来说，活动服务的调用过程是不同的（如图 33 所示）。对于 Processor 类型站点用户来说，经过身份配给后访问到的 web 方式任务管理器中的所有活动服务摘要便是该用户可以访问的活动服务的总和，它们位于 Processor 所访问的当前节点上，可以直接在本地进行调用。

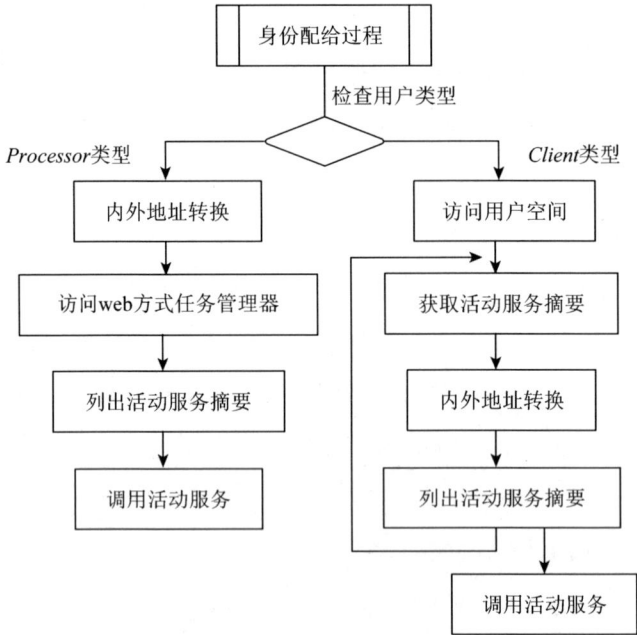

图 33 活动服务调用过程图

对于 *Client* 类型站点用户来说,由于站点用户与用户空间存在一一对应的关系,用户空间内的所有活动服务摘要均授权该站点用户进行处理,因此站点用户经过身份配给后可以访问的活动服务便是用户空间上的所有活动服务摘要。此外,由于 web 接入活动节点和门户站点可能处于不同的网络上,web 接入活动在向门户站点注册活动服务摘要时,标识活动服务的访问地址为 web 接入活动节点的网络地址,而在实际访问时用户是通过门户站点来调用 web 接入活动节点上的服务,因此门户站点需要将门户站点上活动服务摘要的访问转化为对 web 接入活动节点上活动服务的访问。*Client* 类型站点用户调用活动服务的处理过程如下。

对 $\forall webas_j \in WEBAS$ 做如下步骤。

1)获取活动服务摘要的基本属性:

$$\eta_1(webas_j) \rightarrow bid, aid, bname, url$$

获取门户站点上活动服务摘要 $webas_j$ 的属性,包含流程标识 bid、活动标识 aid、流程名称 $bname$、访问地址 url。$\eta_1()$ 是可配置的,随 $webas_j$ 的变化而变化。

2）获取站点属性与流程属性间的映射关系：

$$\delta_6(bid, aid, WD2CD) \rightarrow wd2cd$$

3）如果 $wd2cd$ 为空，那么生成流程服务的实际访问地址：

$$\delta_7(url, transurl) \rightarrow url'$$

转步骤（9）。

4）获取映射 $wd2cd$ 中使用的站点属性：

$$\delta_8(wd2cd) \rightarrow X$$

其中，$X = \{webfield_q \mid q > 0\}$ 表示 $wd2cd$ 中使用的站点数据字段集合。

5）获取映射 $wd2cd$ 中使用的站点属性及其值：

$$\delta_9(logname, userdbs, X) \rightarrow Y$$

其中，$Y = \{< webfield_q, V_{webfield_q} > \mid q > 0\}$ 表示 $wd2cd$ 中使用的站点数据名值对的集合。

6）生成地址参数：

$$\delta_{10}(Y, wd2cd) \rightarrow \tau$$

7）进行内外地址转换：

$$\delta_{11}(url, transurl) \rightarrow url'$$

8）生成流程服务的实际访问地址：

$$\delta_{12}(\tau, url') \rightarrow url_u$$

9）生成活动服务的访问属性：

$$\eta_2(tid, aid, bname, tname, attflag, arrivetime, currentstate, url_u) \rightarrow asas_k$$

生成用户实际访问的活动服务。$\eta_2(\ )$ 是可配置的，随 tid、aid、$bname$、$tname$、$attflag$、$arrivetime$、$currentstate$、url_u 的变化而变化。

7.7 用户访问服务过程

从操作角度看，用户首先根据门户站点描述在门户站点进行注册，审核通过成为合法用户（这个过程生成了门户站点上的用户信息数据库 $userdbs$），然后用户登录门户站点，浏览授权访问的服务，选定并调用服务进行处理。

站点用户在访问过程中感觉不到服务存储位置的差异,好像所有服务均集中在门户站点上,站点用户不需要关心服务位于何处,只需要登录门户站点,通过此站点便可以调用所有的授权服务。从调用服务的结果状态来看,站点用户好像不是通过门户站点访问到具体的服务,而是直接访问运行节点上的指定服务。

(1)Processor 类型站点用户调用过程。

不同类型的站点用户调用服务时的处理过程是不同的。*Processor* 类型站点用户通过门户站点授权后,将直接访问 web 接入活动节点上的 web 方式任务管理器,经过 web 方式任务管理器的授权,便可以浏览服务状态并调用服务。展现给用户的服务调用过程为(图 34 中的①→②"→④):

① *Processor* 类型站点用户登录门户站点;

②访问 web 接入活动节点上的 web 方式任务管理器;

③通过 web 方式任务管理器调用服务。

从服务调用的结果状态看,等同于用户直接访问 web 接入活动节点上的 web 方式任务管理器,通过此管理器调用服务(图 34 中的①′→④)实际上,在站点用户登录门户站点访问服务时,门户站点将用户请求重定向到 web 接入活动节点上,并调用其上的 web 方式任务管理器,通过该任务管理器调用位于 web 接入活动节点上的本地服务,上述过程服务调用请求的理顺序为(图 35 中的①→②→③→④):

① *Processor* 类型站点用户登录门户站点;

②门户站点将用户访问重定向到 web 接入活动节点;

③访问 web 接入活动节点上的 web 方式任务管理器;

④通过 web 方式任务管理器调用指定的服务。

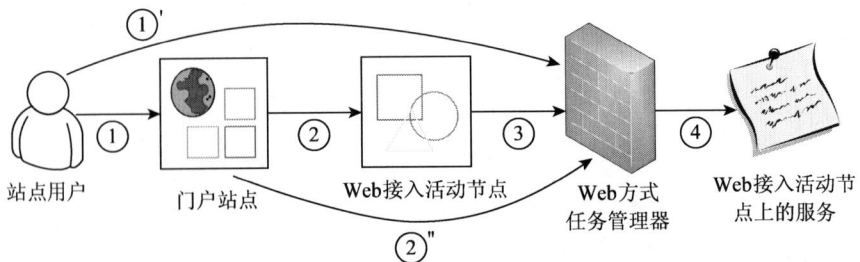

图34 *Processor* 类型用户调用服务过程

（2）Client 类型站点用户服务调用过程。

Client 类型站点用户则浏览的是门户站点上提供的服务,展现给用户的服务调用过程为(图 35 中的①→②→③′):

① *Client* 类型站点用户登录门户站点;

②访问门户站点上的服务;

③调用 web 接入活动节点上的服务。

从服务调用的结果状态看,等同于用户直接访问 web 接入活动节点并调用其上的服务(图 35 中的①″→②″)。实际上,在站点用户登录门户站点访问服务时,门户站点将所访问的服务地址重定向到服务所在的节点上,用户调用的是位于 web 接入活动节点上的本地服务,上述过程服务调用请求的理顺序为(图 35 中的①→②→③→④):

① *Client* 类型站点用户登录门户站点;

②访问门户站点上的流程服务和活动服务;

③将站点用户所访问的服务地址重定向到服务所在的 web 接入活动节点;

④调用 web 接入活动节点上指定的服务。

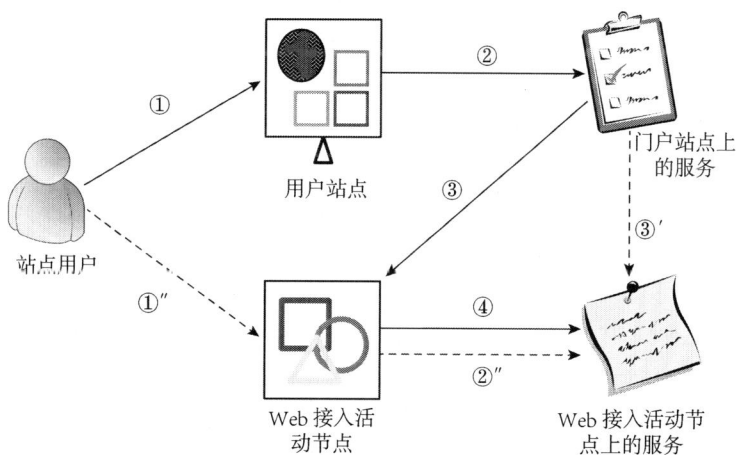

图 35 *Client* 类型用户调用服务过程

第八章 面向业务语义的工作流描述平台设计

为了方便用户使用前文所述的面向业务语义的工作流描述方法和核心技术来进行业务流程的描述,在前面章节工作的基础上,我们设计并实现了一个面向业务语义的工作流描述平台的原型系统,本章就该原型系统的设计原则,以及结构功能等方面内容进行讨论。

8.1 设计原则

为了简化以业务要素为核心的面向业务人员的工作流描述工作,我们在现有工作流描述平台的基础上,以构建独立的直接为业务人员所使用的业务要素为目标,搭建简捷灵活的应用工具,为描述业务要素提供支持。据此思路,我们设计了如图 36 所示的面向业务语义的工作流描述平台体系结构,该体系结构的设计思路是:为面向业务语义的工作流描述过程中涉及的不同角色分别提供相应的工具支持以完成各自的职责,从而可以按照不同角色所描述的实体在工作流模型中的关系来集成分离的工具,进而形成系统的工具集。整个系统架构位于分布式的网络环境之中,并由三个层次的内容组成。

1)基础资源层位于最底层,由部署在分布式网络环境中为工作流描述所使用的各种应用资源,包括工作流系统自身建立的数据源、工作流环境需要访问的由第三方管理的数据源,以及其他可能用到的服务资源或应用资源,这些基础资源为核心服务层提供最基本的计算基础和功能支持。

2)核心服务层在基础资源层的基础上,为面向业务语义的核心支撑机制提供核心的支撑服务。该层包括三部分:业务要素管理组件实现对业务要素描述阶段的管理,包含业务处理工具构造模块和数据源描述模块两部分,分别实现业务要素的维护、查询,以及使用,帮助技术人员快速实现资源的封装和描述,从而构建独立的业务要素;工作流解析服务对生成的业务流程描述的解析及执行提供基本的功能支持,实现业务层面以业务要素为核心的业务流程描述到技术层面以 IT 服务为核心的具体操作的转换功能,即将面向业务语义的工作流描述转换为以 IT 服务为核心的技术实现;工作流传输服务为处于分布式网络环境中的活动节点提供数据传输支持,使活动节点之间可以按照一致的方式实现安全可靠的传输,从而实现信息的交换。

3)用户交互层位于整个体系结构的最顶层,直接与各类具有不同角色的人员进行交互,向他们提供与系统交互,以及使用系统核心服务的使能手段。该层作为面向业务语义的工作流描述平台的客户端环境,包括业务要素管理界面和业务人员使能工具。其中,业务要素管理界面为技术人员提供描述、维护,以及管理基础资源的交互界面,使其可以通过对核心服务层的业务要素管理组件所提供的服务的调用,来实现对具体的业务要素的管理功能。面向业务人员的使能工具一方面为业务人员利用业务要素进行面向业务语义的工作流描述提供了可视的图形化编程环境,并将最终产生的业务流程描述提交给核心服务层,通过业务流程执行服务的转换得到可执行的业务流程应用;另一方面为业务人员使用系统核心服务提供可视化的界面环境,使业务人员可以对流经的任务进行管理,进而实现任务的人工处理。

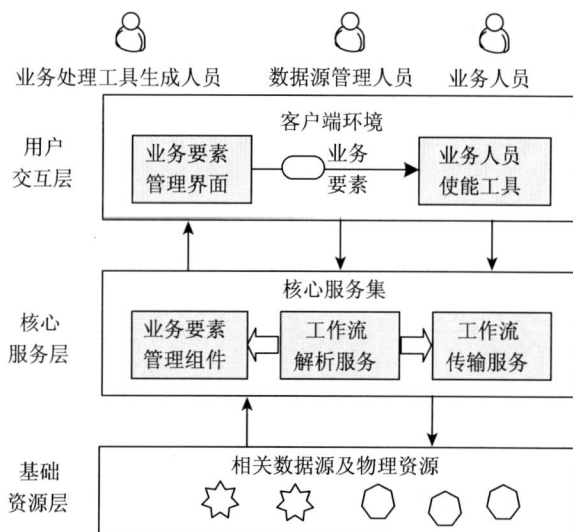

图36　面向业务语义的工作流描述平台设计

核心服务层的工作流解析服务实现以业务要素为核心的业务流程描述到技术层面以 IT 服务为核心的具体操作的转换,它包含三个层次的内容(如图 37 所示)。

1)处于顶层的是流程级解析服务,该层完成对业务流程描述的解析。在系统中,业务流程描述以 XML 文件形式存储,因此流程级解析服务的主要职责就是完成对表示业务流程描述的 XML 文件的解析工作,得到以业务活动为单位、符合活动级解析服务所要求的业务活动描述片段,为下一步的执行奠定基础。

2)中间层为活动级解析服务,其主要任务是分析业务活动描述片段,提取描述业务活动的各业务要素,并对上述要素进行解析以获取其实例数据,同时将业务要素提交给下一层继续进行解析。

3)底层包含业务处理工具解析服务和数据解析服务两部分内容,这两部分真正完成了业务层面抽象级的流程服务到技术层面 IT 资源的转换实现,它利用活动级解析服务的执行结果,按照 6.4 节工作流系统对业务处理工具的实例化方法,以及 5.4 节工作流系统对数据的透明访问与动态集成方法实现上述转换功能。

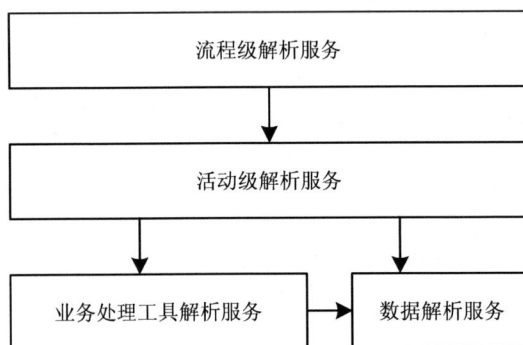

图 37 工作流解析服务设计

8.2　系统结构

工作流描述平台包含四个子平台:业务要素构建平台、流程定义平台、流程运行平台和流程传输平台(如图 38 所示)。

1)业务要素构建平台面向业务要素构建人员,为构建人员提供可视化的图形操作界面,包含业务处理工具生成平台,以及数据源描述平台两部分。

2)流程定义平台通过接受业务要素的注册与业务要素构建平台建立间接联系。具体来讲,流程定义平台通过接受业务处理工具的注册与业务处理工具生成平台建立间接联系,业务处理工具生成平台向业务处理工具库中注册工具,为流程定义提供业务处理工具的支持;流程定义平台通过接受数据源概念描述的注册与数据源描述平台建立间接联系,为流程定义提供数据源访问的支持。

3)流程运行平台是业务流程的解析执行平台,作为工作流描述平台的核心部分,它真正实现了业务流程的实例化运转。流程运行平台由一组相互连通的运行节点构成,运行节点是业务处理的执行者,分为交互式节点和自动式节点两类。在交互式节点上,业务处理工作的全部或其中的某些部分需要人工干预,节点被分配给指定的业务处理人员值守。自动式节点也称非交互式节点,节点上的业务处理工作全部由系统自动执行,无需人工干预,不需要人员值守。每个运行节点在业务处理中具有特定的业务角色。交互式节点具有其操作人员的业务角色;非交互式节点的业务角色由其在业务处理流程中的作用决定。

4)流程传输平台不仅为流程定义平台提供流程描述的传递方式,使业务流程描述可以经由流程传输平台部署到流程运行平台上,而且为流程运行平台的运行节点之间提供业务数据的传递手段,使业务数据可以在各节点之间流动并被加工处理。

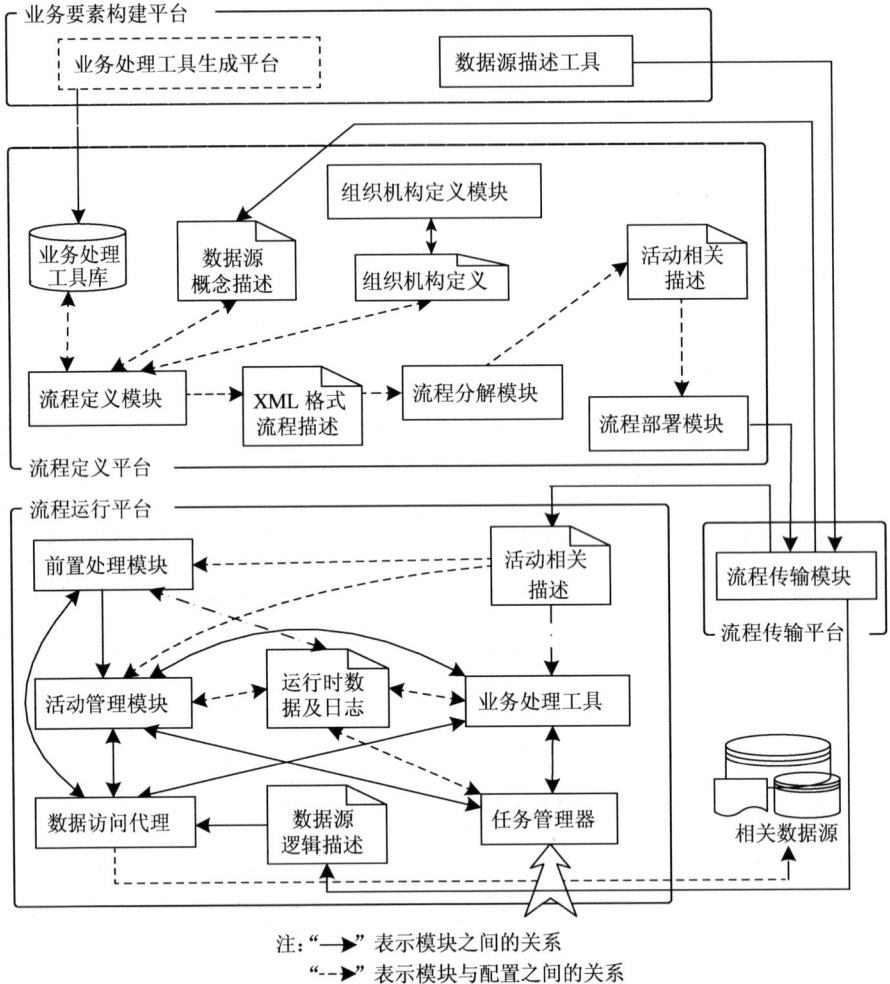

图38　面向业务语义的工作流描述平台结构

业务要素构建平台及流程定义平台在业务流程的定义阶段使用,流程运行平台在业务流程的执行阶段使用,而流程传输平台在业务流程的整个生命周期均会被用到,它为业务要素构建平台、流程定义平台,以及流程运行平台提供底层连接服务。

8.2.1　业务要素构建平台

业务要素构建平台包含业务处理工具生成平台,以及数据源描述平台两部分。

业务处理工具生成平台为业务处理工具生成人员提供工具构造的图形化界

面,其主要任务是通过对工具的应用对象、应用逻辑、软件工具,以及表单模板或计算逻辑等的规范描述,使其按照给定的构造方法生成特定的业务处理工具。业务处理工具生成平台一定程度上为业务处理工具生成人员提供了业务处理工具的自动化构造方式,但它并不属于完全自动化的构造方式,因为业务处理工具的构造与具体的实现技术、物理资源,以及运行环境密切相关,在有些情况下需要业务处理工具生成人员进行手工编码方可以实现。

数据源描述平台为数据源管理人员提供描述异构数据源的方式和手段,其主要功能包含:根据数据源物理结构,生成数据源逻辑描述;对数据源逻辑描述经过一定的映射转化生成数据源概念描述;根据需要自动生成具有特定格式的物理数据源。

8.2.2　流程定义平台

流程定义平台是对业务流程进行描述的配置工具,为流程建模人员提供具有图形化界面的流程建模手段。它包含组织机构定义模块、流程定义模块、流程分解模块以及流程部署模块四部分。

组织机构定义模块实现组织模型的描述,包含组织内机构的设置、组织所提供的职位、所拥有的节点机、所包含的人员以及所具有的下级组织等信息。

流程定义模块的主要功能是根据已有的组织机构定义、数据源概念描述以及业务处理工具库实现对业务流程基本要素的描述及组合。具体来讲,描述业务流程所具有的活动、活动之间的控制模式、活动的组成要素,包含活动执行者的分配、活动的接入方式、每个活动包含处理步骤,以及每个步骤所使用的业务处理工具、业务处理工具与工作流的集成方式、活动和业务处理工具对异构数据源的访问规则等。

流程分解模块对流程定义模块生成的 XML 格式的流程描述,以活动为单位进行分割,生成两部分内容,一部分形成与 web 接入相关的描述,该描述定义了门户站点的相关配置,以及需要注册到门户站点的流程和活动服务摘要;另一部分形成与活动相关的描述,该描述定义了运行节点上活动的处理规则与行为规范。

流程部署模块将业务流程分解后形成的相关描述通过流程传输平台发布到流程运行平台上。其中,与 web 接入及其注册相关的描述发布到门户站点上,以此实现统一的远程接入控制;与活动相关的描述发布到活动所对应的运行节点上,以此实现整个业务流程的部署。

8.2.3 流程运行平台

流程运行平台包含工作流引擎、任务管理器和业务处理工具三部分。工作流引擎提供本节点流入流出业务数据的格式转化、分发、数据处理活动步骤的控制、外部数据源的访问，以及用户接入的响应；任务管理器提供对交互式业务处理活动的调度，以及业务处理工具的调用，包含本地任务管理器和远程任务管理器两种；业务处理工具执行对应用数据的具体操作。

工作流引擎以物理节点为单位进行配置，每一个物理节点上只配备一个工作流引擎。任务管理器也称用户任务管理器，只配置在交互式运行节点上，每一个交互式运行节点配备一个，供该节点的值守人员在该节点上直接完成业务数据的处理工作。业务处理工具以物理节点为单位进行配置，每个物理节点上配置该节点上所有业务处理工作需要使用的全部业务处理工具。

（1）工作流引擎。

工作流引擎由前置处理模块、活动管理模块、数据访问代理三部分，以及相应的文件系统结构组成，并辅以所需要的各种配置文件。

1）前置处理模块。前置处理模块将通过流程传输平台收到的业务数据存入处理该业务的运行节点的数据前置区，按照该运行节点上活动配置文件的规定，对数据字段进行过滤和格式转换，以便生成符合活动步骤操作权限，以及业务处理工具输入接口要求的、可以在前端界面进行显示和处理的输入数据文件，并通知活动管理模块对该业务数据进行处理。

2）活动管理模块。活动管理模块根据活动的操作类型，或直接启动交互式业务处理工具，或通过任务管理器通知用户调用自动式业务处理工具。业务处理活动完毕后，活动管理模块根据传输条件的规定，负责业务数据在本节点机处理完毕后流出节点前的处理，检查步骤结束条件，以及活动流转条件的合法性判断，对业务数据进行抽取生成满足直接后继要求的数据字段，并通知流程传输平台向指定的后继节点发送业务数据。

3)数据访问代理。数据访问代理是一个通用的数据源访问服务组件,与外界交互具有标准的输入/输出接口,负责处理运行节点的数据源访问请求。它按照统一数据描述规范通过输入接口实现对异构数据的透明访问,并将请求结果转化成统一的格式通过输出接口进行结构化数据的输出,用以描述请求处理的返回码(标识成功、失败及其原因),以及结果数据。数据访问代理的这种设计方式使得数据源物理属性的改变对数据依赖关系的处理、数据访问代理的请求,以及数据访问代理对外部数据的处理来说均是透明的。

数据访问代理屏蔽了物理数据改变对业务流程的影响,实现了流程处理和数据处理的分离,对上层业务流程来说,它屏蔽了下层数据访问及处理的细节,实现了数据的透明访问;对下层数据访问来说,它屏蔽了上层业务流程的结构和属性,实现了数据的动态集成。

(2)任务管理器。

任务管理器是一个由交互式运行节点上的业务处理人员使用、具有图形界面的用户域任务管理工具,它向业务处理人员提供其有权创建的业务流程类型列表、待处理任务列表、退件列表、催办任务列表,以及已完成任务的列表,为业务处理人员提供业务处理及业务处理工具调用的入口。

任务管理器根据接入方式的不同,包含本地任务管理器和远程任务管理器两种。本地任务管理器和远程任务管理器位于特定业务角色进行人工干预的交互式活动节点上,面向活动节点的值守人员。远程任务管理器与本地任务管理器具有相同的属性,只有接入方式不同。

(3)业务处理工具。

业务处理工具执行对特定类型业务数据的特定处理操作,在业务流程的定义阶段由流程部署模块分发。

业务处理工具根据其操作方式分为交互式和自动式两类。交互式业务处理工具由业务处理人员通过任务管理器进行调用,在使用中需要人工干预。自动式业务处理工具的调用由系统自动进行,在使用中不需要人工干预。

8.2.4　流程传输平台

流程传输平台是一个完成数据传送的任务交换平台,其基础部分是位于各物理节点机上的数据传输模块,它服务于驻留在该物理节点机上的其他平台。各节点机上的数据传输模块通过网络通信的方式与其他节点机上的数据传输模块交换信息、发布和接收命令,通过进程间通信的方式与驻留在本节点机的其他平台交换信息,以此构成对工作流描述平台中数据及信息传递的支持。

流程传输平台传递的内容包含四类:数据源描述平台向流程定义平台发布的数据源概念描述;数据源描述平台向流程运行平台发布的数据源逻辑描述;流程定义平台向流程运行平台发布的与活动相关的描述;各流程运行平台之间的业务数据传递。

8.3　系统部署

流程定义平台部署在需要进行流程描述的定义节点,流程运行平台部署在每个业务活动所在的节点机。每个定义节点和运行节点均对应一个物理节点,多个定义节点和运行节点可以驻留在相同的物理节点,每个物理节点是一台独立运行的计算机主机,且每个物理节点均需要部署流程传输平台。

流程定义平台在流程描述完成之后,以业务活动为单位对流程描述进行分解,生成以活动为单位的逻辑执行单元,并将其通过数据传输平台发布到门户站点,以及各活动节点所在的节点机上。门户站点在收到相关描述后,经过前置处理模块的预处理后,添加到本地配置中;活动节点在收到相关描述后,同样经过节点机上前置处理模块的预处理后,由活动管理模块将其部署到本机相应的活动空间。至此,流程描述部署完成,各活动节点和门户站点进入服务就绪状态,等待用户登录门户站点进行远程访问,或者等待用户通过任务管理器调用业务处理工具进行处理,业务处理过程中无论是业务活动还是业务处理,对外部数据源的访问均通过数据访问代理完成。

第九章　系统测试及评价

本章从定量和定性两个角度对面向业务语义的工作流描述方法进行测试,并给出评价。

9.1　工作流描述时间分析

本节从定量角度对面向业务语义的工作流描述方法与传统工作流描述方法进行比较,以进一步论述前者在工作流描述时间方面的优势。

工作流描述时间指从业务人员提出需求到生成最终业务流程所需的时间,作为工作流描述方法所需时间的评价指标,工作流描述时间为不同的业务流程描述方法提供了衡量标准。

9.1.1　实验测试

实验重点对面向业务语义的工作流描述中涉及的数据源概念描述的构建、业务处理工具的构建、门户站点的建立、业务处理工具集成、用户接入集成、数据源集成,以及活动描述事件所需时间进行测试,测试过程中对实验的设计有以下考虑:

1)工具方面,利用我们的原型系统基于图形化流程建模工具测试面向业务语义的工作流描述方法中的相应步骤;

2)人员方面,测试中由不同的人员扮演各类用户,测试人员的选取以尽量符合各类用户的特征为准则;

3)用例方面,测试选取生产组织和办公自动化等不同领域的业务流程,其规模和复杂度符合实际应用要求(详见表4)。

表 4　测试工作流说明

工作流	涉及内容	流程说明
专业技术职务申报	10 个活动 5 个数据源 12 个业务处理工具	申请人登录系统,提出申请,申请人审查自身的信息,如果无误,提出申请,办事员打印申请材料,待会议讨论后,再录入投票结果;如有错误,提出申诉,办事员进行申诉审核,将不合理的申诉退回申请人;将合理的申诉转交相关部门进行处理,最后录入相关部门的处理结果,并通知申请人。
ERP 订单审核	6 个活动 2 个数据源 8 个业务处理工具	录入新订单时,系统根据当前的库存状况、生产能力以及采购周期等因素自动进行计算,作为订单审核员对业务员接收的订单进行审核的参考。如果在规定的交货期内能够完成,则进入审核环节,对通过初审和终审的订单进行分解,最后将审核处理结果以及相关原因通知业务员;如果在规定的交货期内无法完成,则拒绝订单并将原因告知业务员。
文档审阅	6 个活动 1 个数据源 7 个业务处理工具	文档审阅流程对用户提交的文档进行二级审查,并将审查结果进行汇总处理。文档提交后,同时由两个人员进行文档初审,并将初审的结果合并后提交给部门负责人,由部门负责人根据前两个人员的处理结果进行终审,终审结果存档。如果终审通过,文档审阅流程结束,否则返回文档提交人员修改后再次提交重新进入初审环节。
入会申请	5 个活动 1 个数据源 6 个业务处理工具	实现入会申请,以及审批业务的自动化处理。对不同级别的会员(学生会员、普通会员、高级会员)进行不同级别的审核,并将审核结果通知申请人。
缴费通知	2 个活动 1 个数据源 2 个业务处理工具	缴费通知流程是接收到新会员缴费和老会员续费,并做到款确认后的通知过程。该流程主要完成两个功能:(1)向收到会费的会员发送邮件通知;(2)为收到会费的会员提供网上查看缴费的通知。

此外,为了与面向技术人员的工作流描述方法进行对比,我们还将面向技术人员的工作流描述时间分为数据源访问、业务处理工具、数据源描述、用户接入描述、业务处理工具描述集成,以及活动其余属性描述几个方面,并分别对上述几个基本工作流进行测试。其中面向技术人员的工作流描述方法下,数据源访问采用为每种应用数据源提供专用插件的方式;业务处理工具采用硬编码方式。

建立数据源访问和业务处理工具所需的时间采用基于代码行(Sources Lines of

Code,SLOC)的估算方式,首先根据同类项目采用类比法统计出软件的代码行数,然后采用生产率法,使用每人天开发的代码行数(本文选用 1250)去除,即得工作量人天数。

表 5 给出上述流程实例测试的统计数据,以及相关说明,其中各项测试均由单人分别测试得出,因此相应的工作量也可以由此直接得出。其中,面向技术人员的工作流描述方法中,数据源描述、业务处理工具描述、用户接入描述、活动其余属性描述所需的时间均未包含业务人员由于技术原因与技术人员进行交互所需的时间。

表 5 不同工作流所需的描述时间对比

序号	工作流	测试任务	面向业务语义方法所需时间	面向技术人员方法所需时间
1	专业技术职务申报	数据源访问的建立	0.2h	8h
		业务处理工具的建立	3h	18h
		门户站点描述的建立	0.1h	0.1h
		描述数据源	0.8h	0.8h
		描述业务处理工具	0.4h	0.4h
		描述用户接入	0.02h	0.02h
		描述活动其余属性	0.3h	0.3h
2	ERP 订单审核	数据源访问的建立	0.3h	8h
		业务处理工具的建立	4h	10h
		门户站点描述的建立	0.1h	0.1h
		描述数据源	0.3h	0.3h
		描述业务处理工具	1h	1h
		描述用户接入	0.01h	0.01h
		描述活动其余属性	0.2h	0.2h

序号	工作流	测试任务	面向业务语义方法所需时间	面向技术人员方法所需时间
3	文档审阅	数据源访问的建立	0.2h	8h
		业务处理工具的建立	0.4h	5h
		门户站点描述的建立	0.1h	0.1h
		描述数据源	0.1h	0.1h
		描述业务处理工具	0.4h	0.4h
		描述用户接入	0.01h	0.01h
		描述活动其余属性	0.2h	0.2h
4	入会申请	数据源访问的建立	0.2h	8h
		业务处理工具的建立	0.5h	6h
		门户站点描述的建立	0.1h	0.1h
		描述数据源	0.1h	0.1h
		描述业务处理工具	0.4h	0.4h
		描述用户接入	0.01h	0.01h
		描述活动其余属性	0.2h	0.2h
5	缴费通知	数据源访问的建立	0.1h	8h
		业务处理工具的建立	0.2h	1h
		门户站点描述的建立	0.1h	0.1h
		描述数据源	0.1h	0.1h
		描述业务处理工具	0.2h	0.2h
		描述用户接入	0.005h	0.005h
		描述活动其余属性	0.1h	0.1h

从表5可以看出,在不考虑业务人员描述工作流时与技术人员交互所耗时间的前提下,面向业务语义的工作流描述方法与面向技术人员的工作流描述方法在门户站点描述的建立、描述数据源、业务处理工具、用户接入,以及活动其余属性五个方面所需的时间可以粗略地认为相同。但是,上述两种方法在业务要素的建立方面,包含数据源访问,以及业务处理工具,所需时间存在较大差别,面向业务语义的工作流描述方法较面向技术人员的工作流描述方法所需的时间要少得多。

图 39 给出了上述 5 个工作流在面向业务语义的工作流描述方法与面向技术人员的工作流描述方法下所需要的描述时间的对比图。可以看出:面向业务语义的工作流描述方法较面向技术人员的工作流描述方法在描述同等复杂度的工作流时耗时要少。

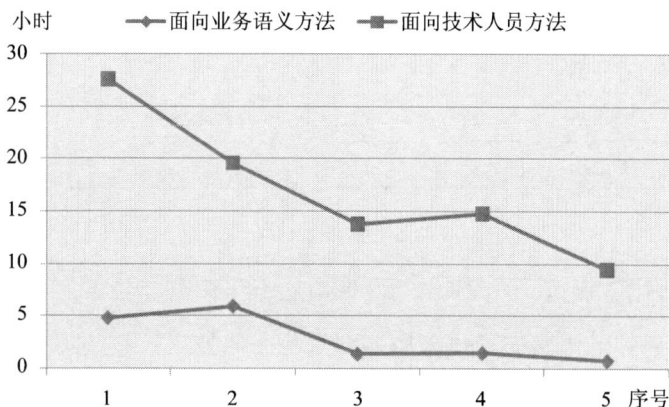

图 39　两种方法所需的工作流描述时间对比

同样以表 4 所示的工作流为例,考虑工作流动态演化的情况,所测试工作流的具体演化方式见表 6。

表 6　测试工作流演化说明

序号	工作流	演化活动个数	演化说明
1	专业技术职务申报	5 个	假设第 i 个演化活动生成包含 i 个活动的子流程,每个活动包含一个处理步骤,涉及一个业务处理工具,本地接入,无外部数据访问。
2	ERP 订单审核	4 个	
3	文档审阅	3 个	
4	入会申请	2 个	
5	缴费通知	1 个	

表 7 给出上述流程演化实例测试的统计数据,以及相关说明,其中各项测试均由单人分别测试得出。其中,面向技术人员的工作流描述方法中,数据源描述、业务处理工具描述、用户接入描述、活动其余属性描述所需的时间均未包含业务人员

由于技术原因与技术人员进行交互所需的时间。

表7　不同工作流动态演化所需的描述时间对比

序号	工作流	面向业务语义方法演化所需时间	面向技术人员方法演化所需时间
1	专业技术职务申报	2.7h	34.1h
2	ERP 订单审核	3.8h	22.5h
3	文档审阅	1.1h	7.0h
4	入会申请	1.0h	4.6h
5	缴费通知	0.6h	2.2h

从表7可以看出,在不考虑业务人员描述工作流时与技术人员交互所耗时间的前提下,面向业务语义的工作流描述方法与面向技术人员的工作流描述方法在动态演化方面所需时间存在较大差别,面向业务语义的工作流描述方法较面向技术人员的工作流描述方法所需的时间要少得多。

图40给出了上述5个工作流在面向业务语义的工作流描述方法与面向技术人员的工作流描述方法下动态演化所需要的描述时间的对比图。可以看出:面向业务语义的工作流描述方法较面向技术人员的工作流描述方法在描述同等复杂度的动态演化工作流时耗时要少,且随着演化活动的增加,两种方法所需的时间差在逐步增加。

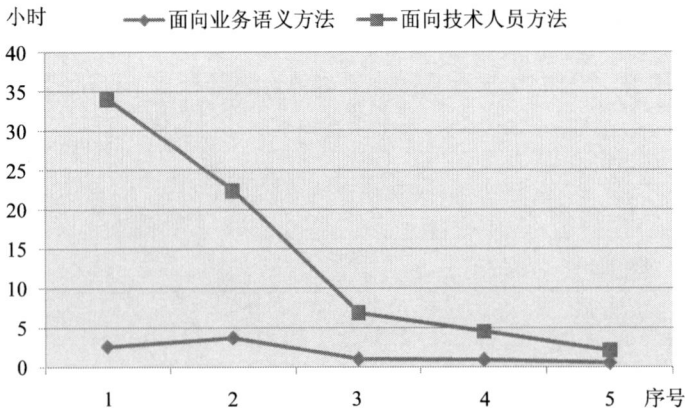

图40　两种方法所需的工作流动态演化描述时间对比

9.1.2　理论分析

面向业务语义的工作流描述分为业务要素构建和业务流程描述两部分,从而面向业务语义的工作流描述所需时间为上述两部分时间之和。业务要素的构建包含业务处理工具的构建、数据源访问的构建和门户站点描述的构建三部分,从而构建业务要素所需时间为上述三部分所需时间之和。业务流程描述包含业务处理工具集成、数据源访问集成、用户接入集成,以及活动其余属性描述四大部分,从而业务流程描述所需时间为上述四部分时间之和。

用 T_1 表示面向业务语义的工作流描述方法所需描述时间, $T(I)$ 表示构建业务要素所需时间, $T(W)$ 表示描述业务流程所需时间; $T_B(C)$ 表示构建业务处理工具所需时间, $T_B(D)$ 表示构建数据源访问所需时间, $T_B(P)$ 表示构建门户站点描述所需时间; $T_I(C)$ 表示集成业务处理工具所需时间, $T_I(D)$ 表示集成数据源访问所需时间, $T_I(P)$ 表示集成用户接入所需时间; $T_\bullet(A)$ 表示描述活动其余属性(除 $T_I(C)$、$T_I(D)$、$T_I(P)$)所需时间; $T_B(c_i)$ 表示构建第 i 个业务处理工具所需时间, $T_B(d_j)$ 表示构建第 j 个数据源访问所需时间, $T_B(p_x)$ 表示构建第 x 个门户站点描述所需时间。实际应用中,为了实现统一的门户控制,通常 x 取1; $T_I(c_i)$ 表示集成第 i 个业务处理工具所需时间, $T_I(d_j)$ 表示集成第 j 个数据源访问所需时间, $T_I(p_x)$ 表示集成第 x 个活动的用户接入所需时间。$T_\bullet(a_k)$ 表示描述活动 a_k 其余属性所需时间,则有:

$$
\begin{aligned}
T_1 &= T(I) + T(W) \\
&= T_B(C) + T_B(D) + T_B(P) + T_I(C) + T_I(D) + T_I(P) + T_\bullet(A) \\
&= \sum_{i=1}^{m} T_B(c_i) + \sum_{j=1}^{n} T_B(d_j) + \sum_{x=1}^{t} T_B(p_x) + \sum_{i=1}^{m} T_I(c_i) + \sum_{j=1}^{n} T_I(d_j) + \sum_{x=1}^{t} T_I(p_x) + \sum_{k=1}^{q} T_\bullet(a_k) \\
&= \sum_{i=1}^{m} (T_B(c_i) + T_I(c_i)) + \sum_{j=1}^{n} (T_B(d_j) + T_I(d_j)) + \sum_{x=1}^{t} (T_B(p_x) + T_I(p_x)) + \sum_{k=1}^{q} T_\bullet(a_k)
\end{aligned}
\tag{9-1}
$$

$$1 \leqslant i \leqslant m, \quad 1 \leqslant j \leqslant n, \quad 1 \leqslant k \leqslant q, \quad 1 \leqslant x \leqslant t$$

依据面向业务语义的工作流描述方法,传统工作流描述方法可以分为业务处理工具集成、数据集成、用户接入集成,以及活动其余属性描述四部分,从而传统工作流描述方法所需时间为上述四部分时间之和。传统工作流描述方法中,业务处理工具多采用硬编码的方式,其集成包含硬编码和嵌入业务流程两部分,从而集成业务处理工具所需时间为上述两部分时间之和;数据源访问集成或者不被支持,或者采用硬编码方式,对于后者,数据源访问的集成包含数据源访问编码和嵌入数据源访问嵌入业务流程两部分,故数据源访问集成所需时间为上述两部分时间之和;用户接入集成包含门户站点描述的构建和用户接入集成两部分。用 T_2 表示传统的工作流描述方法所需描述时间, $T(L)$ 表示描述业务处理工具所需时间, $T(D)$ 表示描述业务流程所需时间; $T_C(L)$ 表示业务处理工具编码所需时间, $T_C(D)$ 表示数据源访问编码所需时间, $T_C(P)$ 表示构建门户站点描述所需时间; $T_E(L)$ 表示集成业务处理工具所需时间, $T_E(D)$ 表示集成数据源访问所需时间, $T_E(P)$ 表示集成用户接入所需时间; $T_{\cdot\cdot}(A)$ 表示描述活动其余属性(除 $T_E(L)$、$T_E(D)$、$T_E(P)$)所需时间; $T_C(l_i)$ 表示第 i 个业务处理工具编码所需时间, $T_C(d_j)$ 表示第 j 个数据源访问编码所需时间, $T_C(p_x)$ 表示构建第 x 个门户站点描述所需时间; $T_E(l_i)$ 表示集成第 i 个业务处理工具所需时间, $T_E(d_j)$ 表示集成第 j 个数据源访问所需时间, $T_E(p_x)$ 表示集成第 x 个用户接入所需时间; $T_{\cdot\cdot}(a_k)$ 表示描述活动 a_k 其余属性所需时间,有:

$$
\begin{aligned}
T_2 &= T(L) + T(D) + T(P) + T_{\cdot\cdot}(A) \\
&= T_C(L) + T_E(L) + T_C(D) + T_E(D) + T_C(P) + T_E(P) + T_{\cdot\cdot}(A) \\
&= \sum_{i=1}^{m} T_C(l_i) + \sum_{i=1}^{m} T_E(l_i) + \sum_{j=1}^{n} T_C(d_j) + \sum_{j=1}^{n} T_E(d_j) + \sum_{x=1}^{t} T_C(p_x) + \sum_{x=1}^{t} T_E(p_x) + \sum_{k=1}^{q} T_{\cdot\cdot}(a_k) \\
&= \sum_{i=1}^{m} (T_C(l_i) + T_E(l_i)) + \sum_{j=1}^{n} (T_C(d_j) + T_E(d_j)) + \sum_{x=1}^{t} (T_C(p_x) + T_E(p_x)) + \sum_{k=1}^{q} T_{\cdot\cdot}(a_k)
\end{aligned}
\tag{9-2}
$$

$$
1 \leqslant i \leqslant m, \quad 1 \leqslant j \leqslant n, \quad 1 \leqslant k \leqslant q, \quad 1 \leqslant x \leqslant t
$$

面向业务语义的工作流描述方法与传统的工作流描述方法所需时间的比较见表 8 所示。

表8 两种描述方法所需时间比较

内容	方法	所需时间	分析	结论
描述业务处理工具	面向业务语义的描述方法	$T_B(c_i) + T_I(c_i)$	两种方法集成业务处理工具所需时间可以粗略地认为是相同的,即 $T_E(l_i) \approx T_I(c_i)$;而使用业务处理工具生成平台构造一个业务处理工具较使用硬编码方式编写一个业务处理工具所需的时间要少,即 $T_B(c_i) < T_C(l_i)$,从而有 $T_B(c_i) + T_I(c_i) < T_C(l_i) + T_E(l_i)$。	$T_B(c_i) + T_I(c_i) < T_C(l_i) + T_E(l_i)$。
	传统的描述方法	$T_C(l_i) + T_E(l_i)$		
描述数据源访问	面向业务语义的描述方法	$T_B(d_j) + T_I(d_j)$	无论数据源类型如何,业务流程对其集成所需的时间可以粗略地认为是相同的,即 $T_I(d_j) \approx T_E(d_j)$;使用数据源描述平台生成一个数据源描述所需的时间要比使用硬编码方式编写一个数据源访问所需的时间要少,故 $T_B(d_j) < T_C(d_j)$,从而有 $T_B(d_j) + T_I(d_j) < T_C(d_j) + T_E(d_j)$。	$T_B(d_j) + T_I(d_j) < T_C(d_j) + T_E(d_j)$
	传统的描述方法	$T_C(d_j) + T_E(d_j)$		
描述用户接入	面向业务语义的描述方法	$T_B(p_x) + T_I(p_x)$	两种方法构建门户站点描述所需的时间可以粗略地认为是相同的,即 $T_S(p_x) \approx T_C(p_x)$;无论对于哪种描述方法,用户接入的描述本质上只是开关量的设置,故 $T_I(p_x) \approx T_E(p_x)$,从而有 $T_B(p_x) + T_I(p_x) \approx T_C(p_x) + T_E(p_x)$。	$T_B(p_x) + T_I(p_x) \approx T_C(p_x) + T_E(p_x)$
	传统的描述方法	$T_C(p_x) + T_E(p_x)$		
活动其余属性描述	面向业务语义的描述方法	$T_•(a_k)$	面向业务语义的描述方法中业务人员利用流程建模工具直接实现流程描述,而传统的描述方法中,业务人员除了要描述流程描述之外,还借助于技术人员,与技术人员进行频繁交互。	$T_•(a_k) < T_{••}(a_k)$
	传统的描述方法	$T_{••}(a_k)$		

对于不需要扩展的工作流来讲,根据公式(9-1)及公式(9-2)有:

$$T_1 - T_2$$

$$= \sum_{i=1}^{m}(T_B(c_i) + T_I(c_i)) + \sum_{j=1}^{n}(T_B(d_j) + T_I(d_j)) + \sum_{x=1}^{t}(T_B(p_x) + T_I(p_x)) + \sum_{k=1}^{q}$$

$$T_\bullet(a_k) - \sum_{i=1}^{m}(T_C(l_i) + T_E(l_i)) - \sum_{j=1}^{n}(T_C(d_j) + T_E(d_j)) - \sum_{x=1}^{t}(T_C(p_x) + T_E$$

$$(p_x)) - \sum_{k=1}^{q} T_{\bullet\bullet}(a_k)$$

$$= \sum_{i=1}^{m}(T_B(c_i) + T_I(c_i) - T_C(l_i) - T_E(l_i)) + \sum_{j=1}^{n}(T_B(d_j) + T_I(d_j) - T_C(d_j) - T_E$$

$$(d_j)) + \sum_{x=1}^{t}(T_B(p_x) + T_I(p_x) - T_C(p_x) - T_E(p_x)) + \sum_{k=1}^{q}(T_\bullet(a_k) - T_{\bullet\bullet}(a_k))$$

由表 8 可知,$T_B(c_i) + T_I(c_i) - T_C(l_i) - T_E(l_j) < 0$,$T_B(d_j) + T_I(d_j) - T_C(d_j)$ $- T_E(d_j) < 0$,$T_B(p_x) + T_I(p_x) - T_C(p_x) - T_E(p_x) \approx 0$,$T_\bullet(a_k) - T_{\bullet\bullet}(a_k) < 0$,故 $T_1 - T_2 < 0$。

对于需要扩展的工作流来讲,假设扩展后还需要 α 个业务处理工具,访问 β 个数据源,处理 λ 个用户接入,生成 γ 个子流程活动,那么对于面向业务语义的工作流描述方法来讲,描述子流程活动属性所需时间为子流程中所有活动描述时间的最大值,因为扩展是由子组织负责人完成的,多个活动的扩展可以并行进行;而对于传统工作流描述方法来讲,描述子流程活动属性为所有活动描述时间的总和,因为扩展是由流程建模人员完成的,多个活动的扩展只能串行进行,所以有:

$$T'_1 = \sum_{i=1}^{m}(T_B(c_i) + T_I(c_i)) + \sum_{j=1}^{n}(T_B(d_j) + T_I(d_j)) + \sum_{x=1}^{t}(T_B(p_x) + T_I(p_x)) +$$

$$\sum_{k=1}^{q} T_\bullet(a_k) + \sum_{\alpha=1}^{a}(T_B(c_\alpha) + T_I(c_\alpha)) + \sum_{\beta=1}^{b}(T_B(d_\beta) + T_I(d_\beta)) + \sum_{\lambda=1}^{d}(T_B$$

$$(p_\lambda) + T_I(p_\lambda)) + Max\{1 \leq \gamma \leq c | T_\bullet(a_\gamma)\}$$

$$1 \leq \alpha \leq a, \quad 1 \leq \beta \leq b, \quad 1 \leq \gamma \leq c, 1 \leq \lambda \leq d$$

$$T'_2 = \sum_{i=1}^{m}(T_C(l_i) + T_E(l_j)) + \sum_{j=1}^{n}(T_C(d_j) + T_E(d_j)) + \sum_{x=1}^{t}(T_C(p_x) + T_E(p_x)) +$$

$$\sum_{k=1}^{q} T_{\bullet\bullet}(a_k) + \sum_{\alpha=1}^{a}(T_C(l_\alpha) + T_E(l_\alpha)) + \sum_{\beta=1}^{b}(T_C(d_\beta) + T_E(d_\beta)) + \sum_{\lambda=1}^{d}(T_C$$

$$(p_\lambda) + T_E(p_\lambda)) + \sum_{\gamma=1}^{c} T_{\bullet\bullet}(a_\gamma)$$

$$1 \leq \alpha \leq a, \quad 1 \leq \beta \leq b, \quad 1 \leq \gamma \leq c, 1 \leq \lambda \leq d$$

$T'_1 - T'_2$

$$= \sum_{i=1}^{m}(T_B(c_i) + T_I(c_i)) + \sum_{j=1}^{n}(T_B(d_j) + T_I(d_j)) + \sum_{x=1}^{t}(T_B(p_x) + T_I(p_x)) + \sum_{k=1}^{q}$$

$$T_\bullet(a_k) - \sum_{i=1}^{m}(T_C(l_i) + T_E(l_i)) - \sum_{j=1}^{n}(T_C(d_j) + T_E(d_j)) - \sum_{x=1}^{t}(T_C(p_x) + T_E$$

$$(p_x)) - \sum_{k=1}^{q}T_{\bullet\bullet}(a_k) + \sum_{\alpha=1}^{a}(T_B(c_\alpha) + T_I(c_\alpha)) + \sum_{\beta=1}^{b}(T_B(d_\beta) + T_I(d_\beta)) + \sum_{\lambda=1}^{d}$$

$$(T_B(p_\lambda) + T_I(p_\lambda)) + Max\{1 \leq \gamma = c | T_\bullet(a_\gamma)\} - \sum_{\alpha=1}^{a}(T_C(l_\alpha) + T_E(l_\alpha)) - \sum_{\beta=1}^{b}$$

$$(T_C(d_\beta) + T_E(d_\beta)) - \sum_{\lambda=1}^{d}(T_C(p_\lambda) + T_E(p_\lambda)) - \sum_{\gamma=1}^{c}T_{\bullet\bullet}(a_\gamma)$$

$$= \sum_{i=1}^{m}(T_B(c_i) + T_I(c_i) - T_C(l_i) - T_E(l_i)) + \sum_{j=1}^{n}(T_B(d_j) + T_I(d_j) - T_C(d_j) - T_E$$

$$(d_j)) + \sum_{x=1}^{t}(T_B(p_x) + T_I(p_x) - T_C(p_x) - T_E(p_x)) + \sum_{k=1}^{q}(T_\bullet(a_k) - T_{\bullet\bullet}$$

$$(a_k)) + \sum_{\alpha=1}^{a}(T_B(c_\alpha) + T_I(c_\alpha) - T_C(l_\alpha) - T_E(l_\alpha)) + \sum_{\beta=1}^{b}(T_B(d_\beta) + T_I(d_\beta) -$$

$$T_C(d_\beta) - T_E(d_\beta)) + \sum_{\lambda=1}^{d}(T_B(p_\lambda) + T_I(p_\lambda) - T_C(p_\lambda) - T_E(p_\lambda)) + Max\{1 \leq \gamma$$

$$\leq c | T_\bullet(a_\gamma)\} - \sum_{\gamma=1}^{c}T_{\bullet\bullet}(a_\gamma)$$

$$= T_1 - T_2 + \sum_{\alpha=1}^{a}(T_B(c_\alpha) + T_I(c_\alpha) - T_C(l_\alpha) - T_E(l_\alpha)) + \sum_{\beta=1}^{b}(T_B(d_\beta) + T_I(d_\beta) -$$

$$T_C(d_\beta) - T_E(d_\beta)) + \sum_{\lambda=1}^{d}(T_B(p_\lambda) + T_I(p_\lambda) - T_C(p_\lambda) - T_E(p_\lambda)) + Max\{1 \leq \gamma$$

$$\leq c | T_\bullet(a_\gamma)\} - \sum_{\gamma=1}^{c}T_{\bullet\bullet}(a_\gamma)$$

根据前面讨论可知,$T_1 - T_2 < 0$,由表 8 可知,$T_B(c_\alpha) + T_I(c_\alpha) - T_C(l_\alpha) - T_E(l_\alpha) < 0$,$T_B(d_\beta) + T_I(d_\beta) - T_C(d_\beta) - T_E(d_\beta) < 0$,$T_B(p_\lambda) + T_I(p_\lambda) - T_C(p_\lambda) - T_E(p_\lambda) \approx 0$,而 $Max\{1 \leq \gamma \leq c | T_\bullet(a_\gamma)\} - \sum_{\gamma=1}^{c}T_{\bullet\bullet}(u_\gamma) < 0$ 一定成立,故 $T'_1 - T'_2 < 0$。

综合以上不可扩展和可扩展两方面的讨论,我们可以看出:面向业务语义的工作流描述方法较传统工作流描述方法所需的描述时间要少。

9.2　与传统工作流描述方法的比较

本节从定性角度对面向业务语义的工作流描述方法与传统工作流描述方法进行比较,以进一步论述面向业务语义的工作流描述方法的特色。

针对工作流描述中的参与人员、描述人员要求、基础模型、业务要素、描述时间、描述效果等几方面主要内容,面向业务语义的工作流描述方法与传统的工作流描述方法具有诸多不同之处,表9给出了二者在上述几个方面的对比。

表9 面向业务语义的工作流描述方法与传统工作流描述方法的比较

比较	面向业务语义的工作流描述方法	传统的工作流描述方法
参与人员	业务人员和技术人员,二者分工明确,业务人员负责业务流程的描述,技术人员负责业务处理工具以及数据源的构建。	以技术人员为主,业务人员提供业务需求信息,技术人员需要与业务人员进行频繁的交互。
描述人员要求	熟悉并掌握业务领域知识,熟知业务流程的处理过程。	具有一定的行业知识,能够理解流程描述技术的专业术语。
基础模型	基于相同的描述方法和流程元素,支持层次递归定义,满足一致性约束要求。	不支持分层定义或者引入新的建模元素后才支持分层定义,增加了建模的复杂性。
业务要素	增加业务处理工具以及数据源的构建,提供多样化的工具支持以及异构数据的统一视图。	采用硬编码方式支持单一的业务处理工具;支持单一结构的数据源管理功能或者使用第三方数据源管理功能。
描述时间	构建业务处理工具和数据源需要花费一定时间,而在此基础上描述业务流程所花费的时间较少。	技术人员对业务需求的分析理解时间较长,并且需要频繁与业务人员进行交互,使得流程描述的总时间较长。
描述效果	所描述的业务流程可以比较准确地反映业务需求,能够适应快速变化的市场要求,一定程度上满足复杂流程构建的基本要求。	所描述的业务流程虽然可以提供事务性、安全性的保障,但很难直接交付给业务人员使用。

通过上表可见,面向业务语义的工作流描述方法的一个最主要的优点在于把业务流程的描述由以技术人员为核心转向以业务人员为核心,以业务驱动为导向,业务与技术相分离,从而适应面向业务语义的工作流描述的需求。这种描述方式采用分层递归方法对业务流程进行定义,结合组织机构的层次特性,通过业务活动的分层细化逐步来完成业务规则的描述,因此更接近于业务领域的概念层次,贴近于业务人员对业务的理解。采用这种方法,可以将业务流程的开发过程转换为对业务流程的定义和描述,从而将部分开发任务由专业技术转移到业务管理人员,不

但可以提高生产率,而且可以降低生产成本。

其次,面向业务语义的工作流描述方法对业务人员的要求较低,只需理解并使用相对简单的基本概念,并可以通过本文编辑器进行简单的活动配置即可,并不涉及 IT 领域的专业知识,因此更容易被业务人员所接受。

再次,在描述模型、业务要素,以及描述时间方面,面向业务语义的工作流描述方法也表现出诸多的优势:提供更为灵活的基础模型,减少组织机构变化带来的影响,为业务人员提供了参与和管理业务的手段;减少技术人员与业务人员间的交互,减轻技术人员设计与实现的工作量;降低业务人员向技术人员求助的成本,缩短工作流描述的时间。但同时,面向业务语义的工作流描述方法依赖于业务处理工具和数据源的构建,这方面会增加一定的工作量及时间,不过这些属于面向业务语义的工作流描述的业务要素方面的内容,其构建时间相对稳定,相对于传统工作流描述中单一的业务处理工具,以及第三方数据源支持来说,这些内容不仅不会额外增加业务要素构建的成本,反而为业务流程提供了多样化的业务处理工具,以及数据源支持。

另外,面向业务语义的工作流描述方法可以描述简单或复杂的业务流程,而传统的工作流描述方法由于过多依赖于技术实现,在不求助技术人员的情况下,业务人员很难描述出相对复杂的业务流程。

附录　专业技术职务申报流程描述

一、业务需求

专业技术职务申报在大专院校、科研单位、企事业单位中普遍存在,其申报过程大致可以分为三个步骤。

(1)提出申请:专业技术人员提出申请,填写相应的专业技术职务申报表,包含个人履历、学术、技术水平和业绩成果等相关信息。

(2)申请审核:由申报人的上级部门对申请进行审核并签字确认。

(3)资格评审:申报人进行答辩,职称评定委员会对申报人申报职务的任职资格进行评定,统计评审意见,提交上级审核并存档。

其中,申报人的相关信息已经在相关职能部门存档并由该职能部门管理,如履历信息由人事部门管理、学术项目信息由科研部门管理、教学信息由教务部门管理。

现有的申报方法大多由申报人自行填写相关信息,这种方式存在以下问题:首先,申报人在不同时期申报不同职务时,需要多次重复填写个人履历、业绩成果等信息,不仅耗时耗力而且降低了申报的效率;其次,无法保证申报人所填信息的完整性和正确性,可能存在漏报误报,甚至造假等现象,职称评定委员会无法对上述所有信息进行逐一审核,即使审核,效率也较为低下;最后,申报人所填信息已在相关职能部门存档,这些信息一旦建立,便成为历史被封存起来,部门之间信息孤岛现象较为严重。

二、工作流描述

为了充分利用已有的信息资源,提高申报效率,节约人力物力,现提出网上申报的方式,申请人登录职称申报系统后,系统自动显示该申请人的相关信息,申请人可以查看这些相关信息,如有疑义可以向相关职能部门提出申诉,否则对部分信息做简单的勾选即可完成职称申报。申报人上级部门审核后由职称评定委员会汇总申报申请,组织答辩进行评定,并将评定结果统计汇报给上级领导审批。

针对上述目标,我们采用面向业务语义的工作流描述方法,应用前文所述的研究内容及结果给出相应的解决方案,以实现专业技术职务申报流程的描述。

1. 组织结构

计算机学院人员专业技术职务申报流程由计算机学院内部担任申请受理员、申请处理员、院长 3 个职务的人员共同完成,计算机学院专业技术职务申报流程人员分布如图 41 所示。

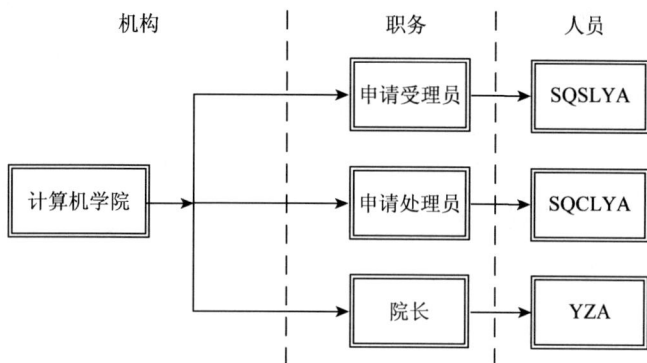

图41 计算机学院专业技术职务申报流程人员分布图

生成计算机学院组织机构人员描述如下:

```
< xml version = ′1.0′ encoding = ′gb2312′ >
< OrgRoot >
< Orgnization Id = "1191914618" IsPerson = "FALSE" Name = "计算机系" FirstPerson = "1191914675" >
< Person Login = "SQSLYA" Ip = "192.168.48.110" Id = "1191914620" Name = "申请受理员" />
< Person Login = "SQCLYA" Ip = "192.168.48.111" Id = "1191914673" Name = "办事员" />
< Person Login = "XZRA" Ip = "192.168.48.112" Id = "1191914675" Name = "院长" />
</OrgRoot >
```

2. 数据源

专业技术职务申报流程涉及人事部门数据源、科研部门数据源、教务部门数据源、公共服务部门数据源,以及职称申报档案库。其中前四个数据源已经存在并分别由人事部门、科研部门、教务部门,以及公共服务部门进行独立管理;职称申报档案库不存在,需要根据专业技术职务申报流程的需要由数据源管理人员建立。人事部门数据源、科研部门数据源,以及教务部门数据源通过职工号相连;公共服务部门数据源相对独立,与其他数据源无直接联系。

3. 业务活动

建立专业技术职务申报流程所包含的业务活动及其要求,详见表 10 所示。

表 10　业务活动列表

序号	活动名称	前驱及控制模式	后继及控制模式	参与者	工具名称	活动数据	接入方式
1	提出申请 act_1	无	act_2,act_3:或分支	申请受理员	职称申请	职工号,申诉内容,申请人章	服务接入
2	申请处理 act_2	act_1:顺序	act_4:顺序	申请处理员	申请处理	职工号,申请人章,申请处理员章	本地接入
3	申诉处理 act_3	act_1:顺序	act_5:顺序	申请处理员	申诉处理	职工号,申请人章,申诉内容,申诉处理意见,申请处理员章	本地接入
4	录入投票结果 act_4	act_2:顺序	act_6:顺序	申请处理员	录入投票结果	职工号,投票结果,申请处理员章	本地接入
5	自动邮件通知 act_5	act_3:顺序	act_7,act_9:或分支	申请处理员	自动邮件通知	职工号,申请人章,申诉内容,申诉处理意见,申请处理员章	无
6	申请审核 act_6	act_4:顺序	act_8,act_9:或分支	院长	申请审核工具	职工号,投票结果,申请处理员章,审核结果,院长章	远程接入
7	预审 act_{61}	act_6:顺序	act_{62}:顺序	委员1	预审工具	职工号,投票结果,预审结果,委员章	本地接入
8	初审 act_{62}	act_{61}:顺序	act_{63}:顺序	副主席	初审工具	职工号,投票结果,预审结果,委员章,初审结果,副主席章	远程接入

168

右上角：续表

序号	活动名称	前驱及控制模式	后继及控制模式	参与者	工具名称	活动数据	接入方式
9	终审 act_{63}	act_{62}:顺序	act_6:顺序	主席	终审工具	职工号,投票结果,预审结果,委员章,初审结果,副主席章,终审结果,主席章	远程接入
10	确认申诉处理 act_7	act_5:顺序	act_9:顺序	申请处理员	确认申诉处理	职工号,申请人章,申诉内容,申诉结果,申请处理员章	本地接入
11	归档活动 act_8	act_6:顺序	无	申请处理员	归档工具	职工号,审核结果,院长章,申请处理员章	本地接入
12	查看申请结果 act_9	act_5,act_6,act_7:异或合并	无	申请受理员	查看申请结果	职工号,审核结果,院长章,申诉内容,申诉处理意见,申诉结果,申请处理员章	服务接入

4. 业务要素

确定描述活动所需的基本要素:前置条件、后置条件、活动执行者、接入方式、结束条件、活动数据字段权限集、各步骤及其所使用的业务处理工具和数据映射关系集。为了实现业务活动的描述,需要建立上述活动所需的业务要素,除了业务活动所使用的业务处理工具、所要访问的外部数据源之外,其余业务要素均已知。数据源概念描述,以及业务处理工具要求分别见表11和表12。

表 11　所需数据源概念描述列表

序号	数据源名称	基本要求
1	人事部门数据源	根据已有的数据源结构建立数据源概念描述
2	科研部门数据源	同上
3	教务部门数据源	同上
4	公共服务部门数据源	同上

序号	数据源名称	基本要求
5	职称申报档案库	建立新的职称申报档案数据源,包含职工号、申请材料上的所有信息以及处理过程中的所有意见说明,并生成数据源概念描述

生成的人事部门数据源概念描述为:

```
< C – Schema >
< Property DsId = "001"
DsCData = "[ < 职工号,{Get} > < 姓名,{Get} > < 性别,{Get} > < 出生年月,{Get} > < 最高学历,
{Get} > < 最高学位,{Get} > < 现任职务,{Get} > < 批准时间,{Get} > < 电子邮件,{Get} > < 学习开始
时间,{Get} > < 学习终止时间,{Get} > < 学校,{Get} > < 学历,{Get} > < 学位,{Get} > < 工作开始
时间,{Get} > < 工作终止时间,{Get} > < 所在单位,{Get} > < 行政职务,{Get} > < 受聘日期,{Get} > <
颁授机构,{Get} > < 学术兼职名称,{Get} > ]"
DsCRelation = " " />
</C – Schema >
```

表 12 所需业务处理工具列表

序号	工具名称	工具类型	输入数据字段	输出数据字段	外部数据字段	基本功能要求
1	职称申请	有界面	工作证号	申诉内容,申请人章	appInfo	申请人输入工作证号后可以查看自身相关信息,包含履历信息、科研项目信息、授课信息、奖励信息等,对上述内容进行勾选,并对有疑义的内容进行申诉,签字确认
2	申请处理	有界面	工作证号,申请人章	申请处理员章	appInfo	浏览申请人填报的申请材料,对申请进行核实后,签字确认
3	申诉处理	有界面	工作证号,申请人章,申诉内容	申诉处理意见,申请处理员章	appInfo	浏览申请人填报的申请材料,对申诉的每项内容进行确认,填写相关的接受或拒绝的理由,签字确认

续表

序号	工具名称	工具类型	输入数据字段	输出数据字段	外部数据字段	基本功能要求
4	录入投票结果	有界面	工作证号	投票结果,申请处理员章	appInfo	浏览申请人填报的申请材料,填写职称评定委员会投票结果,赞成票数、反对票数、中立票数,以及最终是否通过及相关说明,签字确认
5	自动邮件通知	无界面	工作证号,申诉内容,申诉处理意见,申请处理员章	无	appInfo	向申请人自动发送邮件,附带申请人填报的申请材料,以及签字确认后的处理结果及相关说明
6	申请审核	有界面	工作证号,投票结果,申请处理员章	审核结果,院长章	appInfo	浏览申请人填报的申请材料,以及职称评定委员会的投票结果,填写最终审核结果及意见说明,签字确认
7	预审	有界面	工作证号,投票结果	预审结果,委员章	appInfo	浏览申请人填报的申请材料,以及职称评定委员会的投票结果,填写预审结果及意见说明,签字确认
8	初审	有界面	工作证号,投票结果,预审结果,委员章	初审结果,副主席章	appInfo	浏览申请人填报的申请材料、职称评定委员会的投票结果、预审结果,填写初审结果及意见说明,签字确认
9	终审	有界面	工作证号,投票结果,预审结果,委员章,初审结果,副主席章	终审结果,主席章	appInfo	浏览申请人填报的申请材料、职称评定委员会的投票结果、预审结果、初审结果、填写终审结果及意见说明,签字确认
10	确认申诉处理	有界面	工作证号,申请人章,申诉内容	申诉结果,申请处理员章	appInfo	浏览申请人填报的申请材料,以及申诉内容,填写每项申诉的处理意见,签字确认

序号	工具名称	工具类型	输入数据字段	输出数据字段	外部数据字段	基本功能要求
11	归档工具	有界面	工作证号,审核结果,院长章	申请处理员章	appInfo	浏览申请人填报的申请材料,进行归档确认
12	查看申请结果	有界面	工作证号,审核结果,院长章,申诉内容,申诉处理意见,申诉结果,申请处理员章	无	appInfo	浏览申请人填报的申请材料,以及处理结果和意见

表 12 中的 appInfo 表示申请人需要填写的信息,包含以下数据字段:申报单位,姓名,性别,出生年月,最后学历,学位,拟申请专业技术职务,申报系列,申报学科,现任专业技术职务,现任专业技术职务批准时间,学习工作简历,学术兼职,共发表论文,SCI 收录,SCI 第一作者,SCI 第二作者,EI 收录,EI 第一作者,EI 第二作者,国外学术刊物,国外学术刊物第一作者,国外学术刊物第二作者,国内核心刊物,国内核心刊物第一作者,国内核心刊物第二作者,代表论文,发明专利数量,发明专利,主持项目数量,纵向,纵向经费,横向,横向经费,主持项目,参加项目,奖励,主讲课程学时,实验学时,指导本科,指导硕士,主讲课程。

5. 流程描述

各活动所需的业务元素准备就绪后,便可以描述各业务活动。现以提出申请活动为例进行简单说明。业务活动描述信息可以分为五部分:常规属性、处理步骤、前驱、后继,以及数据。

常规属性描述活动名称为申请活动、活动参与者为"SYSLY"、活动结束条件为空、接入方式为服务接入、起始活动为真,服务接入所使用的站点为职称申报站点。该活动包含一个处理步骤,使用提出申请业务处理工具,工具数据与活动数据之间的输入关系为职工号＝＝工作证号,这里主要是设置源数据和目标数据之间的访问条件。

提出申请活动作为专业技术职务申报流程的起始活动,无任何前驱信息,不需要定义任何数据抽取关系。提出申请活动有两个后继:申请处理活动和申诉处理活动。并且提出申请活动与其后继之间为有条件或关系,所以还需要描述条件转移关系:当申请人提出申诉时,进行申诉处理,否则进行申请处理。对于提出申请活动,所有申请人信息都是可读写的。采用有向图对进行描述,生成的专业技术职务申报流程如图42所示。该流程包含8个人工交互活动,2个自动活动,开始活动和结束活动各有一个,其中表示人工交互活动,表示自动活动。

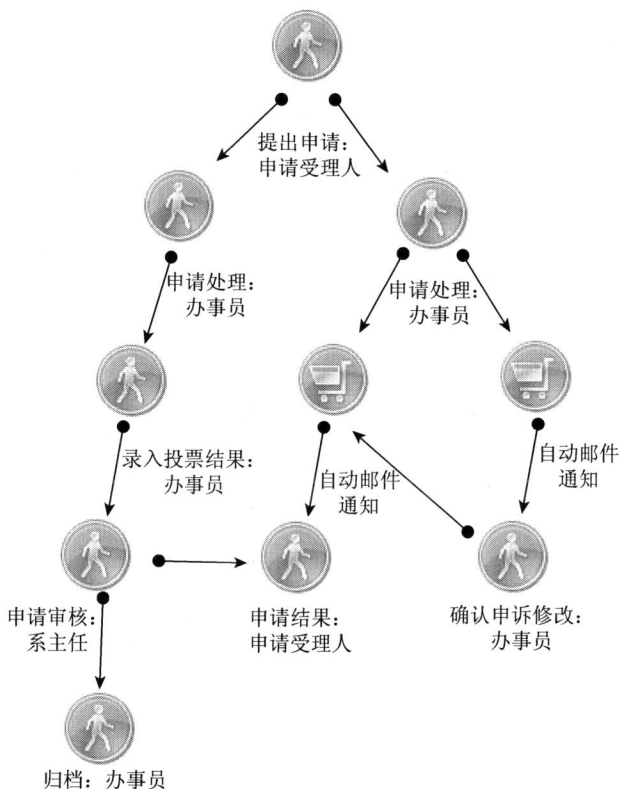

图42 专业技术职务申报流程描述图

以提出申请活动为例,生成的活动描述片段如下所示:

```
< Activities >
< Activity AccessType = "Seivice" IsStart = "TRUE" ActId = "act1" IsEnd = "FALSE" Instance = "1 * " Name
= "提出申请" WebName = "专业技术申请 - web 站点" PerformerId = "1191914620" PositionX = "507" Po-
sitionY = "88" >
< Succs SuccType = "Or" >
< Succ OutputAngle = "131" TransitionType = "TransitionLine" Serial = "1" AccordSerial = "1" SuccActId = "
act2" Condition = "申诉内容 = = " / >
< Succ OutputAngle = "42" TransitionType = "TransitionLine" Serial = "2" AccordSerial = "1" SuccActId = "
act10" Condition = "申诉内容！ = " / >
< /Succs >
< ActivityData >
< Data Auth = "RW" Type = "string" Name = "申报单位" / >
……
< /ActivityData >
< ToolChain >
< Tool OutDataMap = "申请时间：填表时间,……, " ToolID = "a97e367e" InDataMap = "" ToolFile = "./
component/HTML - input. cpn" InitDataMapping = "wid:工作证号,email:电子邮件" >
< ExternalData >
< ECompData ExtData = "姓名" DBOper = "人事部门数据源:GET:人员基本信息.姓名:人员基本信息.职
工号 = = 工作证号" / >
……
< /ExternalData >
< /Tool >
< /ToolChain >
< /Activity >
```

参考文献

［1］赵卓峰.面向服务的应用的即时构造方法研究［D］.北京:中国科学院(计算技术研究所),2005.

［2］黄双喜,罗海滨,林慧苹.面向重组的基于工作流的企业建模［C］//石治平.第一届国际机械工程学术会议论文集.北京:机械工业出版社,2000.

［3］范玉顺,吴澄.基于工作流的 CIMS 应用集成支持系统研究［J］.计算机工程与应用,2000,36(2):6-11.

［4］Marin M. Business process technology:from EAI and workflow to BPM［R］. Florida:Future Strategies Inc,2002.

［5］Workflow Management Coalition. The workflow reference models［EB/OL］. ［2008-09-10］http://www. wfmc. org/standards/docs/tc003v11. pdf.

［6］Georgakopoulos D,Hornick M,Sheth A. An overview of workflow management: from process modeling to workflow automation infrastructure［J］. Distributed and Parallel Databases,1995,3(2):119-153.

［7］Alonso G,Agrawal D,Abbadi EA,et al. Functionality and limitations of current workflow management systems［J］. IEEE expert,1997,12(5):632-635.

［8］范玉顺.工作流管理技术基础［M］.北京:清华大学出版社,2001.

［9］Cousins J,Stewart T. What is business process design and why should I care? ［R］. New York:RivCom Inc,2002.

［10］张静,王海洋,崔立真.基于 Pi 演算的跨组织工作流建模研究［J］.计算机研究与发展,2007,44(7):1243-1251.

［11］Kettinger WJ,Teng JTC,Guha S. Business process change:a study of methodologies, techniques, and tools［J］. MIS Quarterly,1997,21(1):55-98.

［12］谭伟,范玉顺.业务过程管理框架与关键技术研究[J].计算机集成制造系统,2004,10(7):737－744.

［13］李向宁,郝克刚,赵克.一种新的业务过程管理模型[J].计算机学报,2008,31(1):104－111.

［14］van der Aalst WMP,ter Hofstede AHM,Kiepuszewski B,et al. Workflow Patterns[J]. Distributed and Parallel Databases,2003,14(1):5－51.

［15］赵文.工作流元模型的研究与应用[J].软件学报,2003,14(6):1052－1059.

［16］Object Management Group. Business process modeling notation specification [R]. Needham:2006.

［17］van der Aalst WMP,ter Hofstede AHM. YAWL:Yet Another Workflow Language[J]. Information Systems,2005,30(4):245－275.

［18］Downs D,Ken L. Analysis and design for process support systems using goal －oriented business process modeling:HCI2002:Proceedings of the Workshop on Goal － Oriented Business Process Modeling,London,September 2 ~ 3,2002[C]. New Jersey: IEEE Computer Society Press,2002.

［19］Arao T,Goto E,Nagata T. "Business process" oriented requirements engineering process:RE2005:13th IEEE International Requirements Engineering Conference,Paris,August 29 － September 2,2005[C]. New Jersey:IEEE Computer Society Press,2005.

［20］Nurcan S. A survey on the flexibility requirements related to business process and modeling artifacts:HICSS2008:Proceedings of the 41st Annual Hawaii International Conference on Systems Sciences,Hawaii USA,2008[C]. New Jersey:IEEE Computer Society Press,2008.

［21］Mendling J,Neumann G,Nuttgens M. Towards workflow pattern support of e-vent － driven process chains(EPC):XML4BPM2005:Proceeding of the 2nd Workshop XML4BPM,Karlsruhe,March 1,2005[C]. Gesellschaft für Informatik,Bonn,2005.

［22］Rosemann M,van der Aalst WMP. A configurable reference modeling language[J]. Information Systems,2007,32(1):1－23.

[23] Ellis CA. Information control nets: a mathematical model of office information flow: Proceedings of the conference on Simulation, Measurement and Modelling of Computer, 1979 [C]. New York: ACM Press, 1979.

[24] van der Aalst WMP. The application of Petri nets to workfow management [J]. Journal of Circuits, Systems, and Computers, 1998, 8(1):22 -66.

[25] 谢玉凤,杨光信,史美林. 基于条件化有向图的工作流过程优化[J]. 计算机学报,2001,24(7):729 -735.

[26] Sadiq W, Orlowska ME. Analyzing process models using graph reduction techniques[J]. Infomation Systems, 2000, 25(2):117 -134.

[27] Davulcu H, Kifer M, Ramakrishnan CR, et al. Logic based modeling and analysis of workflows: PODS1998: Proceedings of the ACM Symposium on Principles of Database Systems, Seattle, June 1 ~ 3, 1998[C]. New York: ACM Press, 1998.

[28] Mukherjee S, Davulcu H, Kifer M, et al. Logic based approaches to workflow modeling and verification[J]. Logics for Emerging Applications of Databases, 2004: 167 -202.

[29] Malone TW, Crowston K. What is coordination theory and how can it help design cooperative systems?: CSCW1990: Proceedings of the Third Conference on Computer - supported Cooperative Work, Los Angeles, October 5 ~ 10, 1990[C]: New York: ACM Press, 1990.

[30] Rusinkiewicz M, Sheth A. Specification and execution of transactional workflows[C]. Kim W. 1995 Modern Database Systems: The Object Model, Interoperability, and Beyond, Massachusetts: Addison - Wesley, 1995.

[31] Sadiq S, Sadiq W, Orlowska M. Pockets of Flexibility in Workflow Specifications: ER2001: Proceedings of the 20th International Conference on Conceptual Modeling, London, November 27 ~ 30, 2001[C]: Berlin: Springer, 2001.

[32] Ellis C, Keddara K. ML - DEWS: Modeling language to support dynamic evolution within workflow systems[J]. Computer supported cooperative work, 2000, 9(3): 293 -333.

［33］Regev G,Wegmann A. Business process flexibility：Weick organizational theory to the rescue：BPMDS2006：Seven Workshop on Business Process Modeling，Development，and Support，Luxemburg，June 5～9,2006［C］. Berlin：Springer,2006.

［34］Schonenberg H,Mans RS,Russell NC,et al. Process flexibility：a survey of contemporary approaches［J］. Leture Notes in Business Information Processing,2008,10:16－30.

［35］Regev G,Soffer P,Schmidt R. Taxonomy of flexibility in business processes ［J］. International Journal of Computer Science and Applications,2008,5(3):45－68.

［36］李竞杰,王维平,杨峰. 柔性工作流理论方法综述［J］. 计算机集成制造系统,2010,16(8):1569－1577.

［37］Mangan P,Sadiq S. On Building Workflow Models for Flexible Processes：DC2002：Proceedings of the Thirteenth Australasian Database Conference,Califonia,28 January～1 February,2002［C］. South Australia：Australian Computer Society,2002.

［38］Gottschalk F,van der Aalst WMP,Jansen－Vullers MH,et al. Configurable Workflow Models［J］. International Journal of Cooperative Information Systems,2008,17(2):177－221.

［39］Heinl P,Horn S,Joblonski S,et al. A Comprehensive approach to flexibility in workflow management systems［J］. Software Engineer Notes,1999,24(2):79－88.

［40］周建涛,史美林,叶新铭. 柔性工作流技术研究的现状与趋势［J］. 计算机集成制造系统,2005,11(11):1501－1510.

［41］胡锦敏,张申生,余新颖. 基于 ECA 规则和活动分解的工作流模型［J］. 软件学报,2002,13(4):761－767.

［42］窦万春,蔡士杰. 基于 Petri 网的工作流技术复合建模与系统分解［J］. 计算机集成制造系统,2002,8(5):361－365.

［43］沈斌,姚敏,易文晟,等. 基于分层 Petri 网的面向服务需求求精［J］. 浙江大学学报(工学版),2006,40(6):1045－1050.

［44］张亮,姚淑珍. 一种新的基于 Petri 网的分层工作流过程模型［J］. 计算机集成制造系统,2006,12(9):1367－1373.

［45］孙瑞志,史美林. 支持工作流动态变化的过程元模型［J］. 软件学报,
2003,14(1):62 - 67.

［46］范玉顺,吴澄. 一种提高系统柔性的工作流建模方法研究［J］. 软件学报,
2005,14(4):833 - 839.

［47］Jorgensen HD. Interaction as a framework for flexible workflow modeling:
GROUP2001:Proceedings of International ACM Conference on Supporting Group Work,
Colorado,September 30 ~ October 3,2001［C］. New York:ACM Press,2001.

［48］Staffware plc. Staffware process suite version 2 - White paper［M］. Berk-
shire:Staffware plc,2003.

［49］Mangan PJ,Sadiq S. A constraint specification approach to building flexible
workflows［J］. Journal of Research and Practice in Information Technology,2003,35
(1):21 - 39.

［50］Harrison - Broninski K. Human process: human interaction management
［EB/OL］. ［2012 - 12 - 09］. http://www. hptrends. com/publicationfiles/ONE% 2012
- 08 - COL - Human - Processes - Harrison - Broninski - 20081104 - proofed - correc-
ted. pdf.

［51］Pesic M,Schonenberg H,van der Aalst WMP. DECLARE: full support for
loosely - structured processes:EDOC2007:Proceedings of the 11th IEEE International
Enterprise Distributed Object Computing Conference,Annapolis,October 15 ~ 17,2007
［C］. New Jersey:IEEE Computer Society Press,2007.

［52］Noll J. Flexible process enactment using low - fidelity models:SEA2003:Pro-
ceedings of the International Conference on Software Engineering and Applications,Cali-
fornia,November 3 ~5, 2003［C］. California:CATA Press.

［53］Shim J,Han D,Kwak M. A framework for dynamic workflow interoperation u-
sing multi - subprocess task:Ride - 2Ec 2002 :Proceedings of the 12th international
workshop on research issues in data engineering,San Jose,February 24 ~25,2002［C］.
New Jersey:IEEE Computer Society Press,2002.

［54］Chung PWH,Cheung L,Stader J,et al. Knowledge - based process management – an approach to handling adaptive workflow[J]. Knowledge – based System, 2003,16(3):149 – 163.

[55]Wohed P,Russell N,ter Hofstede AHM,et al. Patterns – based evaluation of open source BPM systems: the cases of jBPM, OpenWFE, and Enhydra Shark[J]. Information and Software Technology,2009,51(8):1187 – 1216.

[56] Weske M. Flexible modeling and execution of workflow activities: HIC-SS1998:Proceedings of the 31st Annual Hawaii International Conference on System Science, Hawaii, January 6 ~ 9, 1998 [C]. New Jersey: IEEE Computer Society Press,1998.

[57]Russell NC. Foundations of process – aware information systems[D]. Brisbane:Queensland University of Technology,2007.

[58]van der Aalst WMP,Weske M,Grunbauer D. Case Handling: A new paradigm for business process support[J]. Data and knowledge Engineering,2005,53(2):129 – 162.

[59]van der Aalst WMP. Exterminating the dynamic change bug: a concrete approach to support workflow change[J]. Information Systems Frontiers,2001,3(3):297 – 317.

[60]Reichert M,Dadam P. ADEPTflex – supporting dynamic changes of workflow without losing control[J]. Journal of Intelligent Information Systems,1998,10(2):93 – 129.

[61]Muller R,Greiner U,Rahm E. Agentwork: a workflow system supporting rule – based workflow adaption[J]. Data and Knowledge Engineering,2004,51(2):223 – 256.

[62]王东勃,王润孝,阎秀天. 基于多自主元的柔性工作流研究[J].计算机集成制造系统,2007,13(5):955 – 960.

[63]Ellis C,Keddara K,Rozenberg G. Dynamic change within workflow systems: COCS1995:Proceedings of the Conference on Organizational Computing Systems,California,August 13 ~ 16,1995[C]. New York:ACM Press,1995.

[64]Rinderle S,Reichert M,Dadam P. Flexible support of team processes by adaptive workflow systems[J]. Distributed and Parallel Databases,2004,16(1):91 – 116.

[65] Zhuge H. Component – based workflow systems development [J]. Decision Support Systems,2003,35(4):517 – 536.

[66] Bussler C. Has workflow lost sight of dataflow? [J]. Lecture Notes in Computer Science, 2005, 3760:502 – 519.

[67] Workflow Management Coalition. Terminology & Glossary[EB/OL]. [2011 – 02 – 10]. http://www. wfmc. org/standards/docs/TC – 1011_term_glossary_v3. pdf.

[68] IBM. IBM WebSphere MQWorkflow[EB/OL]. [2008 – 03 – 25]. http:// www – 01. ibm. com. /software. integration/wmq. htm.

[69] Kloppmann M, Knig D, Leymann F, et al. Business process choreography in WebSphere combining the power of BPEL and J2EE[J]. IBM Systems Journal, 2004, 43 (2):270 – 296.

[70] TIBCO. TIBCO Staffware process suite – white paper[EB/OL]. [2009 – 01 – 05]. http://www. tibco. com/multimedia/idc – report – benefits – of – freestanding – bpm – software_tcm8 – 2147. pdf.

[71] Mutschler B, Weber B, Reichert M. Workflow management versus case handling – results from a controlled software experiment: CAiSE 2009: The 23rd Annual ACM Symposium on Applied Computing, Amsterdam, June 8 ~ 12, 2008[C]. Berlin: Springer, 2009.

[72] Pallas Athena. BPM FLOWer ondersteunde platformen[EB/OL]. [2008 – 01 – 18]. http://us. pallas – athena. com/multimedia/ondersteunder% 20platformen% 20flower[1]_tcm27 – 3895. pdf.

[73] COSA. COSA BPM 5. 7 product description[EB/OL]. [2008 – 01 – 12] http://www. cosa – de/project/docs/en/COSA57 – Productdescription. pdf.

[74] Alonso G, Reinwald B, Mohan C. Distributed Data Management in Workflow Environments: Proceedings of the 7th International Workshop on Research Issues in Data Engineering, Birmingham, April 7 ~ 8, 1997[C]. New Jersey: IEEE Computer Society Press, 1997.

[75] Nick R, ter Hofstede AHM, David E, et al. Workflow data patterns: identification, representation and tool support: ER2005: Proceedings of the 24th Internation Conference on Conceptual Modeling, Lecture Notes in Computer Science, Klagenfurt, Octo-

ber 24 ~ 28,2005[C]. Berlin:Springer,2005.

[76]Bonifati A,Casati F,Dayal U,et al. Warehousing Workflow Data:Challenges and Opportunities:VLDB2001:Proceedings of the 27th International Conference on Very Large Data Bases,Roma,September 11 ~ 14,2001[C]. San Francisco:Morgan Kaufmann Publishers Inc,2001.

[77]熊鹏程,范玉顺.支持分布式工作流数据交互一致性的中间件[J].清华大学学报(自然科学版),2008,48(7):1213 – 1216.

[78]杨慧松.以数据为中心的柔性信息系统的建模方法[J].计算机集成制造系统,2005,11(1):68 – 72.

[79]张志君,范玉顺.一种高性能的分布式工作流系统实现框架[J].计算机集成制造系统,2003,9(6):431 – 435.

[80]李海波,战德臣.工作流中数据流的调度控制[J].计算机集成制造系统,2006,12(11):1909 – 1915.

[81]干哲,陈敏,汤晓安,等.活动多实例工作流中数据流的建模与调度[J].计算机辅助设计与图形学学报,2008,20(5):637 – 644.

[82]Eder J,Lehmann M. Uniform access to data in workflows:EC – Web 2004:Proceedings of the 5th International Conference on E – Commerce and Web Technologies,Zaragoza,August 31 ~ September 3,2004[C]. Berlin:Springer,2004.

[83]王月龙,王文俊,罗英伟,等.一个基于元数据导航的服务工作流装配模型[J].计算机学报,2006,29(7):1105 – 1115.

[84]熊体凡,万立,刘清华,等.工作流系统中业务工具动态集成模型研究[J].计算机集成制造系统,2005,11(10):1361 – 1366.

[85]张静.支持业务流程变化的软件系统构建方法研究[D]. 济南:山东大学,2007.

[86]李海波,战德臣,徐晓飞.基于工作流引擎的构件组装体系结构[J].软件学报,2006,17(6):1401 – 1410.

[87]刘英博,张力,卢亚辉,等.一种基于构件的开放性工作流集成框架[J].计算机集成制造系统,2007,13(7):1350 – 1353.

[88] Ellis CA. Information control nets: a mathematical model of office information flow: SIGMETRICS1979: Proceedings of the conference on Simulation, Measurement and Modelling of Computer, 1979 [C]. New York: ACM Press, 1979.

[89] Wodtke D, Weissenfels J, Weikum G, et al. The mentor project : steps towards enterprise – wide workflow management: DE1996: Proceedings of the twelfth International conference on Data Engineering, New Orleans, February 26 ~ March 1, 1996 [C]. New York: IEEE Computer Society Press, 1996.

[90] Staffware plc. Staffware 2000/GWD User Manual [M]. Berkshire: Staffware plc, 2001.

[91] Staffware plc. Staffware process suite version 2 – White paper [M]. Berkshire: Staffware plc, 2003.

[92] COSA. COSA 4 Product Description [EB/OL]. [2009 – 12 – 25] http://is. tm. tue. nl/bpm2003/download/COSA – 4 – Product_description. pdf.

[93] Ultimus. Ultimus Workflow Management [EB/OL]. [2010 – 12 – 19] http://www. ultimus. com/de/index. htm.

[94] OpenText. Portal Management Homepage – 2009 [EB/OL]. [2009 – 04 – 28] http://websolutions. opentext. com/index. htm.

[95] Oracle. Oracle WebLogic Portal Homepage – 2009 [EB/OL]. [2013 – 07 – 20] http://www. oracle. com/products/middleware/user – interaction/weblogic – portal. html.

[96] Microsoft. Microsoft Office SharePoint Server 2007 Homepage – 2007 [EB/OL]. [2013 – 01 – 15] http://office. microsoft. com/zh – cn/sharepointserver/HA101748682052. aspx.

[97] IBM Software Group. WebSphere Portal Server and Web Services Whitepaper – 2006 [EB/OL]. [2011 – 10 – 21] http://citeseerx. ist. psu. edu/viewdoc/download? doi = 10. 1. 1. 155. 1434&rep = rep1 &type = pdf.

[98] 宋靖宇, 魏峻, 万淑超. 门户环境中基于语义写作应用集成方法 [J]. 软件学报, 2007, 18(7): 1705 – 1714.

[99] Han YB,Zhao ZF,Li G,et al. CAFISE: An approach enabling on - demand configuration of service grid applications[J]. Journal of Computer Science and Technology,2003,18(4):484 - 494.

[100]Smith DC,Cypher A,Spohrer J. KidSim: programming agens without a programming language[J]. Communications of the ACM,1994,37(7):54 - 67.

[101]Powell A,Moore JE. The focus of research in end - user computing: where have we come since the 1980s[J]. Journal of End User Computing,2002,14 (1): 3 - 22.

[102]Analysis of EUD Survey Questionnaire[EB/OL]. [2010 - 05 - 20] http:// giove. cnuce. cnr. t/EUD - NET/d4. 2. htm.

[103]Sutcliffe A,Mehandjiev N. Special Issue on End - user development: tools that empower users to create their own software solutions [J]. Communications of the ACM,2004,47(9):43 - 46.

[104]myGrid. myGrid - directly supporting the e - scientist[EB/OL]. [2012 - 05 - 19] http://www. mygrid. org. uk.

[105]Morch AI,Stevens G,Won M,et al. Component - based technologies for end - user development[J]. Communications of the ACM,2004,47(9):59 - 62.

[106]Repenning A,Ioannidou A. Agent - based end - user development[J]. Communications of the ACM,2004,47(9):43 - 46.

[107]van der Aalst WMP,Jablonski S. Dealing with workflow change: identification of issues and solutions[J]. International Journal of Computer Systems, Science, and Engineering,2000,15(5):267 - 276.

[108]van der Aalst WMP,Kumar A,Verbeek HMW. Organizational Modeling in UML and XML in the context of workflow systems:SAC2003:Proceedings of the 2003 ACM symposium on Applied computing,Florida,March 9 ~ 12,2003[C]. New York: ACM Press,2003.

[109]Klarmann J. Using conceptual graphs for organization modeling in workflow management systems:WM2001:Proceedings Professionelles Wissensmanagement,Baden

– Baden, 2001 [C]. Saarbrücken: German Research Center for Artificial Intelligence,2001.

[110]zur Muehlen M. Organizational Management in workflow applications – Issues and perspectives[J]. Information Technology and Management,2004,5(3):271 – 291.

[111]Jian C,Chen JJ,Zhao HY,et al. A policy – based authorization model for workflow – enabled dynamic process management[J]. Journal of Network and Computer Applications,2009,32(2):412 – 422.

[112]肖郑进. 面向企业应用的工作流精简建模研究[D]. 杭州:浙江大学,2006.

[113]Liu DR,Shen MX. Workflow modeling for virtual processes: an order – preserving process – view approach[J]. Information Systems,2003,28(6):505 – 532.

[114]van der Aalst WMP,ter Hofstede AHM. Workflow patterns: on the expressive power of (petri – net – based) workflow languages:CPN2002:In Proceedings of the 4th Workshop on the Practical Use of Colored Petri Nets and CPN Tools,Aarhus,August 28 ~ 30,2002[C]. New Jersey:IEEE Computer Society Press,2002.

[115] Kiepuszewski B. Expressiveness and Suitability of Languages for Control Flow Modeling in Workflows [D]. Brisbane: Queensland University of Technology, 2003.

[116]Kiepuszewski B,ter Hofstede AHM,van der Aalst WMP. Fundamentals of control flow in workflows[R]. Brisbane:Queensland University of Technology,2002.

[117]Russell N,ter Hofstede AHM,van der Aalst WMP,et al. Workflow Control – Flow Patterns: A Revised View[R]. Brisbane:BPM Group,Queensland University of Technology,2006.

[118]van der Aalst WMP. Patterns and XPDL: A Critical Evaluation of the XML Process Definition Language [R]. Brisbane: Queensland University of Technology, 2003.

[119]Wohed, van der Aalst WMP,Dumas M,et al. Pattern – Based Analysis of BPEL4WS[R]. Brisbane:Queensland University of Technology,2002.

［120］Wohed P，van der Aalst WMP，Dumas M，et al. Analysis of web service com-position languages：the case of BPEL4WS：ER2003：22nd International Conference on Comceptual Modeling，Berlin，Germany，2003［C］. Berlin：Springer，2003.

［121］Ouyang C，Verbeek E，van der Alast WMP，et al. Formal semantics and anal-ysis of control flow in WS – BPEL［J］. Science of Computer Programming，2007，67（2）：162 – 198.

［122］Ouyang C，van der Aalst WMP，Breutel WS，et al. Formal Semantics and A-nalysis of Control Flow in WS – BPEL，BPMcenter. org，2005.

［123］Mendling J，Neumann G，Nüttgens M. Yet another event – driven process chain［J］. Lecture Notes in Computer Science，2005，3649：428 – 433.

［124］魏丫丫，林闯，田立勤.用进程代数描述可适应工作流的模型方法［J］.电子学报，2002，30（11）：1624 – 1628.

［125］张朝辉.面向企业的工作流管理技术［D］.哈尔滨：吉林大学，2005.

［126］Workflow Management Coalition. Interface 1 – Process Definition Inter-change Process Model ［EB/OL］. ［2010 – 08 – 26］ http：//wfmc. org/docs/if19807r3. pdf.

［127］Workflow Management Coalition. Process definition interface—XML process definition language［EB/OL］.［2011 – 10 – 12］. http：//wfmc. org/docs/TC – 1025_xpdl_2_2005 – 10 – 03. pdf.

［128］Momotko M，Subieta K. Dynamic changes in workflow participant assign-ment：ADBIS2002：The 6th East – European Conference on Advances in Databases and Information Systems，Bratislava，September 8 ~ 11，2002［C］. Berlin：Springer，2002.

［129］Huang YN，Shan MC. Policies in a resource manager of workflow systems：modelling，enforcement and mangement［R］. Hewlet Packard：1998.

［130］van der Aalst WMP，Kumar A. A reference model for team – enbled workflow management systems［J］. Data and knowledge Engineering，2001，38（3）：335 – 363.

［131］张晓光，曹健，张申生.策略约束面向角色和团队关系的工作量任务分配管理［J］.计算机研究与发展，2002，39（12）：1156 – 1163.

[132]唐达,杨元生.基于层次细化 Petri 网的工作流参与者机制与动态特性研究[J].计算机研究与发展,2004,41(9):1545 - 1553.

[133]Liang GS,Wang MJ. Personnel placement in a fuzzy environment[J]. Computers and Operations Research,1992,19(2):107 - 121.

[134]Yaakob SB,Kawata S. Worker's placement in an industrial environment[J]. Fuzzy Set and Systems,1999,106(3):289 - 297.

[135]Shen MX,Tzeng GH,Liu DR. Multi - criteria task assignment in workflow management systems:SS2003:Proceedings of the 36th Hawaii International Conference on System Sciences,Hawaii,January 6 ~ 9,2003[C]. New York:IEEE Computer Society,2003.

[136]肖郑进,何钦铭,陈奇.模糊环境中工作流任务分配的多级模型[J].计算机研究与发展,2007,44(2):302 - 309.

[137]Russell N,van der Aalst WMP,ter Hofstede AHM,et al. Workflow resource patterns:identification, representation and tool support:CAiSE2005:Proceedings of the 17th Conference on Advanced Information Systems Engineering,Porto,June 13 ~ 17,2005[C]. Berlin:Springer,2005.

[138]Leymann F,Roller D. Production workflow:concepts and techniques[M]. New Jersey:Pearson Higher Isia Education,1999.

[139]Sadiq S,Orlowska M,Sadiq W,et al. Data flow and validation in workflow modeling:ADC2004:Proceedings of the 15th Australasian Database Conference,Darlinghurst,January 31 ~ February 3,2004[C]. Darlinghurst:Australian Computer Society Inc,2004.

[140]Yang F,Yin BL. Dynamic hierarchy description and constraint rules of flexibility workflow[J]. Journal of Southest University,2007,23(3):474 - 478.

[141]何清法,李国杰,焦丽梅,等.基于关系结构的轻量级工作流引擎[J].计算机研究与发展,2001,38(2):129 - 137.

[142]赵文,胡文蕙,张世琨,等.工作流元模型的研究与应用[J].软件学报,2003,14(6):1052 - 1059.

［143］Fakas GJ,Karakostas B. A peer to peer（P2P）architecture for dynamic workflow management［J］. Information and Software Technology,2004,46(6):423 –431.

［144］Chaari S,Biennier F,Amar CB,et al. An authorization and access control model for workflow:3CA2004:First International Symposium on Control, Communications and Signal Processing,Tainan,November 19 ~ 20,2004［C］. New Jersey:IEEE Computer Society Press,2004.

［145］杜栓柱,谭建荣,陆国栋. 工作流模型中多粒度时间约束描述及其分析［J］. 软件学报,2003,14(11):1834 – 1840.

［146］孙瑞志,史美林. 工作流异常处理的形式描述［J］. 计算机集成制造系统,2003,14(13):393 –397.

［147］孙熙,庄磊,刘文,等. 一种可定制的自主构件运行支撑框架［J］. 软件学报,2008,19(6):1340 –1349.

［148］Kral J,Zemlicka M. Autonomous components［J］,Lecture Notes in Computer Science,2003,375 –383.

［149］孙斌. 扩展面向对象编程(XOOP)的理论和方法［J］. 计算机学报,2001,24(3):266 –280.

［150］Seok – Jin OCK,Yoon S,Shin G. Component – based development environment:an integrated model of object – oriented techniques and other technologies:TOOLS1998:The twenty – sixth International Conference on Technology of Object – Oriented Languages ASIA,Los Alamitos,August 3 ~ 7,1999［C］. New Jersey:IEEE Computer Society Press,1999.

［151］Jin GJ,Yin BL. An encapsulation structure and description specification for application level software components:CET2009:International conference on computer engineering and technology,Washington,2009［C］. New Jersey:IEEE computer society Press,2009.

［152］杨磊. 独立软件级领域构件的复合组装机制［J］. 小型微型计算机系统,2002,23(9):1118 –1120.

［153］刘瑜,高勇,王映辉,等. 基于构件的地理工作流框架:一个方法学的讨论

［J］. 软件学报,2005,16(8):1395 – 1406.

［154］Hopkins J. Component Primer［J］. Communications of the ACM,2000,43 (10):27 – 30.

［155］Szyperski C,Gruntz D,Murer S. Component software: beyond object – oriented programming［M］. New York:Addison2Wesley,2000.

［156］Cox PT, Song BM. A Formal Model for Component – Based Software: HCC2001:Proceedings of the IEEE 2001 Symposia on Human Centric Computing Languages and Environments,Stresa,September 5 ～ 7,2001［C］. New Jersey:IEEE Computer Society Press,2001.

［157］Patrick F,Martin N,Frederic M,et al. A workflow – driven approach for the efficient integration of web services in portals:SCC2007:Proceedings of the IEEE International Conference on Services computing,Salt Lake City, July 9 ～ 13,2007［C］. New Jersey:IEEE Computer Society Press,2007.